Georg Dietlein

Kirche im Aufbruch

**Ein Change Management Ansatz
für die katholische Kirche in Deutschland**

Herstellung & Verlag: BoD – Books on Demand, Norderstedt
ISBN: 978-3-7347-9842-9
Printed in Germany

Inhaltsverzeichnis

1. Einleitung

Von der Kirche gibt es so viele Bilder wie es Menschen gibt. Jeder einzelne Christ hat seine spezifischen Erfahrungen mit Kirche, richtet an sie seine eigenen Erwartungen und bringt ein bestimmtes Vorverständnis und Leitbild mit. Einige wenige erblicken in der Kirche in erster Linie die Gemeinschaft der Gläubigen (*communio fidelium*), die der gemeinsame Glaube an Jesus Christus, die eine Taufe und die Feier der Eucharistie verbindet. Andere betrachten Kirche eher „von außen" und nehmen vor allem ihre organisatorische Struktur wahr: ein Weltkonzern mit hierarchischer Gliederung, der bereits seit 2000 Jahren seinen Einfluss in der Welt vermehrt und dabei ziemlich erfolgreich ist. Nur wenigen würde bei einer Beschreibung der Kirche die Bezeichnung „Leib Christi", „Braut Christi" oder „Tempel des Heiligen Geistes" einfallen. Oft vergessen wir ob aller Menschlichkeit, dass sich in der Kirche das Heilswerk Jesu Christi fortsetzt und ihr der Heilige Geist eingestiftet ist, der sie durch die Zeiten leitet.

Mancher Katholik in Deutschland scheint gerade diesen Glauben an den Heiligen Geist verdrängt zu haben. Man nimmt wahr, dass der gesellschaftliche Rückhalt der Kirche immer weiter abnimmt und sich immer weniger Männer für das Priestertum begeistern können. Bereits fällt das Wort „Krise" und man befürchtet, dass das Schiff Petri im Sturm der Zeit unterzugehen droht. Dass mit den Menschen Jesus Christus selbst im Schiff sitzt, wird dann oft vergessen: „Warum habt ihr solche Angst, ihr Kleingläubigen?" (Mt 8,26) – Diese Frage, die Jesus seinen Jüngern in der Situation eines gewaltigen Sturms auf dem See Genezareth stellt, müssen auch wir uns gefallen lassen: Wovor haben wir Angst? Fürchten wir uns, dass Christus aus dem Schiff seiner Kirche aussteigt und uns alleine lässt? Zweifeln wir daran, dass der Heilige Geist als „Steuermann" sein Schiff unter Kontrolle hat? Oder aber zweifeln wir nur an uns selbst?

Der Umbruch, den die katholische Kirche zur Zeit in Deutschland erlebt, ist bei bestem Willen nicht die erste tiefgreifende und fundamentale „Krise" der Kirche. Seit 2000 Jahren muss sie sich gegen Anfeindungen von innen und außen erwehren. Sie hat systematische Verfolgung und auch verdeckte Benachteiligung erlebt – und durchlebt diese auch heute. Sie ist von 12 Aposteln auf 1,2 Mrd. Christen weltweit angewachsen – und wächst auch heute.

Angst zu haben braucht die Kirche nicht davor, dass sie scheitern könnte. Ängstigen müsste sie sich allein dann, wenn sie den aus dem Blick zu verlieren droht, der in ihrem Mittelpunkt steht und stehen sollte: Jesus Christus. Die Kirche Christi hat eine einzige Aufgabe: Christus zu bezeugen, ihn zu verkündigen und berührbar zu machen. Das Zentrum der Kirche bildet nicht irgendeine Theorie, eine Weltanschauung oder eine Moral, sondern eine Person: Jesus Christus. Im Zentrum der Kirche steht darum auch nicht das, was sie verkündet, sondern der, den sie verkündet und der sie leitet. Die Kirche ist nicht um ihrer selbst willen da, sondern allein um Christus willen. Sie hat darum auch keinen Selbstzweck. Selbstbeschäftigung und „Selbstbespaßung" wären für sie fehl am Platz. Christus ist die Existenzberechtigung der Kirche und damit zugleich ihre Grenze.

Er und seine Botschaft sind das eigentliche „Erfolgsrezept" der Kirche. Darum ist seine Pastoral auch maßgeblich für die Kirche[1]: missionarisch, persönlich, gemeinschaftlich, zuversichtlich, dankerfüllt, radikal, entschieden. In Jesus Christus ist Gott Mensch geworden, um ganz nahe bei den Menschen zu sein. Dies hat auch für die Kirche zu gelten: Sie soll die Nähe Gottes bei den Menschen sichtbar machen. Dies geschieht vor allem durch den Gottesdienst und die Sakramente, durch kirchliche Verkündigung und tätige Nächstenliebe. Wie Jesus in der einfachen Sprache des Volkes, in Bildern und in Gleichnissen sprach, so muss auch die Kirche an dieser persönlichen Unmittelbarkeit ihres Herrn Maß nehmen.

Die Kirche muss an erster Stelle **missionarisch** sein. Es geht hier um das wichtige Anliegen der Neuevangelisierung[2], das sowohl Papst Benedikt XVI. als auch Papst Franziskus in den Mittelpunkt ihres Pontifikats gestellt haben. Papst Franziskus bezeichnet die Evangelisierung sogar als „Daseinsgrund der Kirche".[3] Sie muss aus sich selbst herausgehen und auf die Menschen zugehen. Sie muss aufhören bloß zu verwalten, sondern muss neu lernen zu gestalten. Sie muss wieder begeisterungsfähig werden. Sie muss den einzelnen Menschen mit seinen Sorgen und Nöten wieder ernst nehmen und neu verstehen lernen. Sie muss den Menschen zuhören und auf ihre Frage eine Antwort haben. Sie muss selbst be-

---

[1] Vgl. sehr anschaulich Lothar Roos, Der Eine für Viele. Die Pastoral Jesu und die Neuevangelisierung heute, in: Dörner, Reinhard (Hrsg.), „Fürchte dich nicht, du kleine Herde" (Lk 12,32). Katholische Kirche in Deutschland zwischen Traditions- und Entscheidungskirche, Stadtlohn 2012 (Verlag Kardinal-von-Galen-Kreis e.V.), S. 10 – 34.
[2] Vgl. Rino Fisichella, Was ist Neuevangelisierung?, Augsburg 2012.
[3] Vgl. die Rede von Jorge Mario Kardinal Bergoglio im Vorkonklave 2013 (kath.net/news/40706).

reit sein, sich vom Herrn her erneuern zu lassen und neue Wege zu gehen, die parallel neben alten Wegen bestehen können. Nimmt die Kirche diese Chance nicht wahr, so verfehlt sie ihren Sinn: „Wenn die Kirche nicht aus sich selbst herausgeht, um das Evangelium zu verkünden, kreist sie um sich selbst. Dann wird sie krank."[4]

Im Rahmen des „Gesprächsprozesses" der Deutschen Bischofskonferenz diskutierten Katholiken von 2011 bis 2015 über die Frage, wie die Kirche einen neuen Aufbruch wagen kann. Im Vordergrund standen dabei altbekannte Forderungen: Man müsse menschlicher und weniger dogmatisch werden, endlich überfällige Themen angehen wie den Zölibat, die Priesterweihe für Frauen oder die „mittelalterliche" katholische Sexualmoral. Wie die Kirche die Menschen von heute wirklich neu erreichen kann, um eine missionarische und verkündigende Kirche zu sein, wird indes kaum diskutiert. Um diese Frage soll es im vorliegenden Buch gehen.

Wenn hier in erster Linie ein betriebswirtschaftlicher Blick auf die katholische Kirche in Deutschland geworfen wird, so setzt sich dieser Blickwinkel zumindest der Gefahr des Fehl- und Missverständnisses aus. Ganz akut wird dies, wenn weiter unten von den „Kundenbeziehungen" oder der „Produktpolitik" der Kirche die Rede sein wird. Hier stellt sich dann die Frage: Ist die Kirche bloß noch eine „Dienstleisterin"? Eine solche Terminologie wäre in der Tat höchst missverständlich und bei einem verkürzten Verständnis auch falsch.

---

[4] Ebd.

Die Kirche ist in erster Linie eben **nicht bloß Dienstleisterin.**[5] Sie ist kein Sozialverein, keine Dienstleistungs-, Charity- oder Non-Profit-Organisation wie jede andere auch – dies allein deshalb schon, weil „die Kirche" ihren Dienst nicht *an* ihren „Mitgliedern" tut, sondern aus und in ihren Mitgliedern besteht. „Die Kirche" – das sind also in erster Linie nicht der Papst, die Bischöfe und die Priester, sondern alle Getauften. Zwar mag es (viele) Kirchenmitglieder geben, die im Bedarfsfall von ihrer Kirche „Dienstleistungen" wie Taufe, Firmung, Trauung, einen Weihnachtsgottesdienst und unter besonderen Umständen ein persönliches Gespräch erwarten. Ein solches Gelegenheits- bzw. Anlass-Christentum sollte allerdings nicht das Idealbild einer Kirche sein – einer Kirche aus lebendigen Steinen, einer Kirche als Familie und Gemeinde. Kirchenmitglieder dürfen nicht einfach nur „Nachfrager" oder „Kunden" sein. Durch die Sakramente der Taufe, Firmung und Ehe sind sie auch selbst „Anbieter" und „Macher", indem sie sich selbst aktiv in die Kirche einbringen und in ihrem persönlichen Umfeld Christus darstellen. Dabei ist die Arbeit der Laien nicht zu unterschätzen, wie das Zweite Vatikanische Konzil betont: „Die Laien sind besonders dazu berufen, die Kirche an jenen Stellen und in den Verhältnissen anwesend und wirksam zu machen, wo die Kirche nur durch sie das Salz der Erde werden kann."[6]

Die Übertragung des Begriffs „Dienstleisterin" auf die Kirche lässt uns möglicherweise aber auch deshalb zurück-

---

[5] Vgl. Ludwig Schick, Kirche ist mehr als ein Dienstleister (2012), http://www.domradio.de/nachrichten/2012-06-10/nachrichtenarchiv-10062012-1254.
[6] Zweites Vatikanisches Konzil, Dogmatische Konstitution „Lumen gentium" über die Kirche, Nr. 1.

schrecken, weil wir bezweifeln, ob sich Erkenntnisse aus dem Management „einfach so" auf die Kirche übertragen lassen. Wenn die Kirche kein weltliches Unternehmen und keine „Dienstleisterin" ist, wenn es in ihr keine Manager, sondern nur Zeugen gibt, so erscheint ein betriebswirtschaftlicher Blickwinkel auf die Kirche völlig verfehlt. Die Kirche ist eben nicht in erster Linie gesandt, um die Nachfrage der Menschen zu befriedigen, sondern um den Willen ihres Herrn zu erfüllen, der ihr eine Vision und Sendung eingestiftet hat.

Möglicherweise erinnern wir uns an die berühmten Worte des neugeweihten Münchener Erzbischofs Joseph Ratzinger bei seiner Bischofsweihe am 28. Mai 1977: Die Hirten der Kirche, die Bischöfe, handeln „nicht im eigenen Namen", sondern sind „Treuhänder eines anderen". Der Bischof ist daher „nicht ein Manager, ein Chef von eigenen Gnaden, sondern der Beauftragte des anderen, für den er eintritt." In ähnlicher Weise hat Papst Franziskus am Tag nach seiner Wahl betont: „Wir können gehen, wie weit wir wollen, wir können vieles aufbauen, aber wenn wir nicht Jesus Christus bekennen, geht die Sache nicht. Wir werden eine wohltätige NGO, aber nicht die Kirche, die Braut Christi."[7] Der Papst weiß zwar um die Nützlichkeit von Mitteln und Strategien in der Kirche, betont zugleich aber auch deren Zweitrangigkeit und Relativität: „Man kann meinen, dass wir die Evangelisierung am Schreibtisch planen müssen, indem wir über die Strategien nachdenken, Projekte erarbeiten. Aber das sind Mittel, kleine Mittel. Das Wichtige ist Jesus und sich von ihm

---

[7] Papst Franziskus, Predigt am 14. März 2013 (kath.net/news/40541).

führen zu lassen. Danach können wir die Strategien entwerfen, aber das ist zweitrangig."[8]

Also doch kein Management in der Kirche? Keine Strategie und kein Leitbild? Das wäre sicherlich ein Trugschluss. – Die Kirche braucht Management, Strategien, Visionen und Leitbilder. Im Zentrum muss dabei aber stets Jesus Christus stehen. Die Kirche darf sich nicht primär an Maßstäben des weltlichen Erfolgs (Mitgliederzahl) oder Ansehens (Akzeptanz kirchlicher Positionen in der Gesamtbevölkerung) orientieren. Das würde sie verweltlichen. Vielmehr steht in der Kirche eine Entweltlichung an. Sie muss sich wieder auf ihre Kernbotschaft, auf Jesus Christus, konzentrieren. Das Herz der Kirche bildet das Evangelium selber. Hier gibt es keine „faulen Kompromisse", um in der Welt besser anzukommen. Jesus geht es im Grunde gar nicht darum, was die Menschen von ihm halten (vgl. Mt 16, 13). Er hat eine Mission, bei der Gott im Zentrum stehen soll.

Und dennoch lehrt uns das Zweite Vatikanische Konzil, dass die Kirche weder Gott – um des Menschen willen – noch den Menschen – um Gottes willen – aus dem Blick verlieren darf.[9] Eine Kirche, die allein Gott dient, nicht aber den Men-

---

[8] Papst Franziskus, Ansprache am 18. Mai 2013 (Pfingstvigil mit den kirchlichen Bewegungen auf dem Petersplatz).
[9] Auch die dogmatische Konstitution „Lumen gentium" über die Kirche spricht an einigen Stellen von „Dienstleistungen" (LG 4, 12, 29, 30, 32), jeweils entweder als „ministratio" der Kirche (Dienst, Dienstleistung, Verwaltung) oder als „ministerium" (Dienst, Amt, Dienstleistung). Das Konzil geht aber nicht so weit, die Kirche – etwa in Anlehnung an Johannes Calvin – als „Ecclesia ministrans" zu bezeichnen, vgl. Alexandre Ganoczy, Ecclesia ministrans. Dienende Kirche und kirchlicher Dienst bei Calvin, Freiburg i. Br. / Basel / Wien 1968.

schen, vergisst die Heilsbotschaft und wird zu einer isolierten Kirche.[10] Eine Kirche, die allein dem Menschen dient, nicht aber Gott, ist nicht mehr als ein Sozialverein ohne Erdung in Christus. Beide Extreme sollte die Kirche unbedingt vermeiden. Die Kirche ist nicht von dieser Welt, aber sie steht in dieser Welt und muss sich daher mit dieser Welt arrangieren. Das betrifft etwa die Organisationsform, die sie wählt, und die Sprache, die sie spricht. Die Kirche will mit ihrer Botschaft in der Welt „ankommen".

Bei allen Problemen, die der Bezeichnung „Dienstleisterin" innewohnen[11]: Die Kirche ist dazu berufen, in dieser Welt zu dienen. Sie ist Dienerin ihres Herrn und Dienerin der Menschen. Sie muss wieder zurückfinden zu einem missionarisch-diakonischen Selbstverständnis. Sie will den Menschen beschenken mit dem Größten, was sie hat: mit ihrer guten Botschaft, mit ihrem Evangelium, mit ihrer Hoffnung, mit ihrem Herrn selbst. Und darum stellt sie ihr Licht auch nicht unter den Scheffel, sondern stellt sich mit ihrer guten Botschaft an den Straßenrand und erzählt davon. Sie geht auf die Menschen zu, um sie mit ihrer frohen Botschaft vertraut

---

[10] Vgl. die Rede von Jorge Mario Kardinal Bergoglio im Vorkonklave 2013 (kath.net/news/40706): „Die um sich selbst kreisende Kirche glaubt – ohne dass es ihr bewusst wäre – dass sie eigenes Licht hat. Sie hört auf, das «Geheimnis des Lichts» zu sein, und dann gibt sie jenem schrecklichen Übel der «geistlichen Weltlichkeit» Raum (nach Worten de Lubacs das schlimmste Übel, was der Kirche passieren kann). Diese (Kirche) lebt, damit die einen die anderen beweihräuchern. Vereinfacht gesagt: Es gibt zwei Kirchenbilder: die verkündende Kirche, die aus sich selbst hinausgeht, die das «Wort Gottes ehrfürchtig vernimmt und getreu verkündet»; und die weltliche Kirche, die in sich, von sich und für sich lebt."
[11] Jürgen Werbick, Dienende Kirche in einer Dienstleistungsgesellschaft, in: Lebendiges Zeugnis 66 (2011) 245 – 253.

zu machen. Sie will als Braut ihres Herrn ganz christus-förmig und „christoaktiv"[12] werden. Sie erträgt in Verbundenheit mit der angenagelten und gekreuzigten Liebe ihres Erlösers die Anfeindungen dieser Welt und erniedrigt sich in „fußwaschender Liebe"[13]. Auch die Kirche „ist nicht gekommen, um sich dienen zu lassen, sondern um zu dienen" (Mk 10, 45). Und darum ist sie auch nicht geizig mit ihren Gaben, sondern teilt ihren Herrn großzügig aus in Wort und Sakrament. Letztlich ist Pastoral darum auch eine „Dienst-Leistung an den und für die Menschen"[14].

Um heute Menschen anzusprechen, muss die Kirche aus sich selbst herausgehen. Sie muss sich bis an die Ränder der Gesellschaft aufmachen. Eben weil die Kirche offen für die Welt sein möchte, darf sie auch – im Rahmen der relativen „Autonomie der irdischen Wirklichkeiten" – auf die Betriebswirtschaftslehre und andere profane Wissenschaften hören, um mit ihrer Botschaft auf fruchtbaren Boden zu stoßen. Letztlich geht es darum, die gute Botschaft, die die Kirche der Welt zu bieten hat, immer wieder neu zur Sprache zu bringen:

Ja, diese sichere und beständige Lehre, der gläubig zu gehorchen ist, muss so erforscht und ausgelegt werden, wie unsere Zeit es verlangt. Denn etwas anderes

---

[12] Vgl. Joachim Kardinal Meisner, „Wer mit Jesus Christus in Kontakt kommt, wird christoaktiv", kath.net/detail.php?id=11264.
[13] Karl-Heinz Menke, Jesus ist Gott der Sohn. Denkformen und Brennpunkte der Christologie, Regensburg 20008, S. 27.
[14] Mathias Wolf, Wie kann's weitergehen? – Ein Ausblick, in: Unfried, Andreas & Degen, Susanne & Dere, Daniel & Olbrich, Clemens & Wolf, Mathias, XXL-Pfarrei. Monster oder Werk des Heiligen Geistes?, Würzburg 2012, S. 77 – 87, hier S. 78.

ist das Depositum Fidei oder die Wahrheiten, die in der zu verehrenden Lehre enthalten sind, und etwas anderes ist die Art und Weise, wie sie verkündet werden, freilich im gleichen Sinn und derselben Bedeutung. Hierauf ist viel Aufmerksamkeit zu verwenden; und, wenn es Not tut, muss geduldig daran gearbeitet werden, das heißt, alle Gründe müssen erwogen werden, um die Fragen zu klären, wie es einem Lehramt entspricht, dessen Wesen vorwiegend pastoral ist.[15]

Der Hauptakzent auch dieser Arbeit wird nicht auf der Frage des „Was?", sondern auf der Frage des „Wie?" liegen: Wie kann die Kirche heute Menschen ansprechen? Steht dabei Werbung im Vordergrund – oder doch eher das persönliche Zeugnis überzeugter Christen, die damit in der heutigen Zeit oft zu „Märtyrern" (das griechische Wort für „Zeugen") werden?

Es soll ein strategischer – d. h. geordneter und systematischer – Ansatz einer dienenden Kirche entwickelt werden – auch unter Zuhilfenahme betriebswirtschaftlicher Methoden. Nur eine Kirche, die sich „strategisch" an Christus orientiert, wird fähig sein, ihre Botschaft in die Welt zu tragen. Dabei muss das Selbstverständnis von Kirche neu überdacht werden: Wir müssen wieder eine offensiv-missionarische, demütige, hörende und dienende Kirche sein, eine Kirche Gottes für die Menschen, eine Kirche, die sich auf den Weg zu den Menschen macht, wie es Gott in Jesus Christus getan hat.

---

[15] Papst Johannes XXIII., Rede zur Konzilseröffnung vom 11. Oktober 1962, in: Herder-Korrespondenz 17 (1962 / 63), S. 85 – 88.

Bei vielen wird dazu ein Sinneswandel notwendig sein. Alte Kirchenbilder müssen abgelegt werden: eine Kirche, die darauf angewiesen ist, auch Mehrheits- und Volkskirche zu sein, eine Kirche, die sich selbst feiern kann, eine „triumphierende" Kirche[16], die über ihre Gegner hinwegziehen und lachen kann, eine Kirche, der die Menschen – um Gottes willen – völlig egal sind, eine Kirche, die sich selbst genügt.

Es ist schon bezeichnend, dass das Bild einer „dienenden Kirche" gehäuft in der Literatur der 1960er-Jahre auftaucht – und dann lange Zeit gar nicht mehr.[17] Unvergessen ist das Plädoyer des Konzilsberaters und späteren Kardinals Yves Congar OP (1904 – 1995) für eine „dienende und arme Kirche". Damit hat er die heutige Sorge um „Neuevangelisierung" und „Entweltlichung" der Kirche bereits vorweggenommen. 2010 taucht der Begriff der „dienenden Kirche" an

---

[16] Das Bild der „triumphierenden Kirche" („Ecclesia triumphans") wird verwendet für die Kirche im Jenseits, die die Verstorbenen im Himmel umfasst – in Abgrenzung zur „streitenden Kirche" („Ecclesia militans"), die aus den auf der Welt lebenden Christen besteht. Hinzu kommen noch die Christen im Fegefeuer, die die leidende bzw. hoffende Kirche („Ecclesia penitens", „Ecclesia patiens", „Ecclesia expectans") bilden. Diese drei Status der Kirche bilden die eine Kirche. Man hüte sich davor, die Terminologie der „triumphierenden Kirche" bereits auf die Kirche im Hier und Heute zu projizieren.

[17] Ulrich von Brück (Hrsg.), Dienende Kirche, Berlin 1967; Yves M. J. Congar, Für eine dienende und arme Kirche, Mainz 1965; Alexandre Ganoczy, Ecclesia ministrans. Dienende Kirche und kirchlicher Dienst bei Calvin, Freiburg i. Br. / Basel / Wien 1968; Otto Hof (Hrsg.), Dienende Kirche. Festschrift für Landesbischof D. Julius Bender zu seinem 70. Geburtstag am 30. August 1963. Grussworte und Aufsätze, Karlsruhe 1963; Max Schoch, Ministerium. Das dienende Amt in der dienenden Kirche, Tübingen 1969; Richard Völkl, Dienende Kirche – Kirche der Liebe, Freiburg i. Br. 1969.

recht prominenter Stelle wieder auf: im Impulsreferat des Vorsitzenden der Deutschen Bischofskonferenz, Erzbischof Robert Zollitsch, bei der Herbst-Vollversammlung in Fulda am 20. September 2010 – im Krisenjahr 2010, dem Jahr des großen Missbrauchsskandals, und zu Beginn des „Gesprächsprozesses" der Deutschen Bischofskonferenz.[18] Hier plädiert Robert Zollitsch „für eine pilgernde, hörende und dienende Kirche" – ein Kirchenbild, das auch Papst Franziskus in eindrücklicher Weise immer wieder anmahnt.

Hören wir abschließend ein Wort von Papst Franziskus, der die Kirche auffordert, sich aufzumachen und bis an die Ränder der Gesellschaft zu gehen, um wirklich wieder dienende und missionarische Kirche zu sein:

Brechen wir auf, gehen wir hinaus, um allen das Leben Jesu Christi anzubieten! Ich wiederhole hier für die ganze Kirche, was ich viele Male den Priestern und Laien von Buenos Aires gesagt habe: Mir ist eine „verbeulte" Kirche, die verletzt und beschmutzt ist, weil sie auf die Straßen hinausgegangen ist, lieber, als eine Kirche, die aufgrund ihrer Verschlossenheit und ihrer Bequemlichkeit, sich an die eigenen Sicherheiten zu klammern, krank ist. Ich will keine Kirche, die darum besorgt ist, der Mittelpunkt zu sein, und schließlich in einer Anhäufung von fixen Ideen und Streitigkeiten verstrickt ist.

---

[18] Robert Zollitsch, Zukunft der Kirche – Kirche für die Zukunft. Plädoyer für eine pilgernde, hörende und dienende Kirche. Impulsreferat bei der Herbst-Vollversammlung der Deutschen Bischofskonferenz in Fulda. 20. September 2010, Bonn 2010.

Wenn uns etwas in heilige Sorge versetzen und unser Gewissen beunruhigen soll, dann ist es die Tatsache, dass so viele unserer Brüder und Schwestern ohne die Kraft, das Licht und den Trost der Freundschaft mit Jesus Christus leben, ohne eine Glaubensgemeinschaft, die sie aufnimmt, ohne einen Horizont von Sinn und Leben. [19]

Wenn man diese Worte von Papst Franziskus ernst nimmt, hat die katholische Kirche in Deutschland noch viel vor sich. Machen wir uns an die Arbeit und bitten wir dazu den Heiligen Geist um seine Hilfe!

Köln, am Pfingstfest 2015

Georg Dietlein

---

[19] Papst Franziskus, Apostolisches Schreiben „Evangelii gaudium" (2013), Nr. 49.

2. Kirche und Management – eine Verhältnisbestimmung

Kirche und Management – das klingt nach zwei Themenbereichen, die weit auseinander liegen. Kirche auf der einen Seite – da geht es um Gottesdienst, Spiritualität, Transzendenz, Tradition. Management auf der anderen Seite – da geht es um Effizienz, Strategien, Veränderung, Anpassung. Doch gerade die römisch-katholische Kirche in Deutschland ist in großem Maße auf „Management" angewiesen: auf Organisationsstrukturen in ihren Diözesen und Pfarreien, auf eine effiziente Verwaltung und eine nachhaltige Entwicklung von Finanzen und Personal, auf eine klar erkennbare Strategie. Leitung und Management sind dem Wesen der Kirche nicht entgegengesetzt, sondern ihr wesensgemäß: In erster Linie lässt sich die Kirche leiten – und zwar vom Heiligen Geist. Sie selbst ist primär Geleitete und weniger Leitende. Den Dienst der Leitung in der Kirche nehmen an erster Stelle der Papst als Nachfolger des Apostels Petrus und die Bischöfe als Nachfolger der Apostel wahr, die in Einheit zum Nachfolger Petri stehen. Aber auch Priester, Diakone und letztlich alle Getauften nehmen Leitungsaufgaben war. Sie haben durch ihre Taufe Anteil an den drei Ämtern Jesu Christi[20], nehmen teil an seinem Priester-, Lehr- und Hirtenamt. Das Charisma der Leitung ist daher nicht Sache einer kleinen

---

[20] Vgl. dazu Ludwig Schick, Das dreifache Amt Christi und der Kirche. Zur Entstehung und Entwicklung der Trilogien, Frankfurt a.M. / Bern 1982; Andreas Wollbold, Grundzüge oder dreifaches Amt? Auf der Suche nach einer praktikablen Einteilung der Pastoral, in: Sellmann, Matthias (Hrsg.), Gemeinde ohne Zukunft? Theologische Debatte und praktische Modelle, Freiburg i. Br. / Basel / Wien 2013, S. 55 – 64.

Minderheit, sondern Anliegen jedes einzelnen Christen, der mit seiner Kirche lebendig verbunden ist. Kompetenzen im Führen und Leiten – das, was wir „Management" nennen – sind auch in der Kirche erforderlich.

Die vorliegende Arbeit möchte aus dem Blickwinkel der Betriebswirtschaftslehre auf die Kirche schauen: Was hat die heutige Managementlehre der römisch-katholischen Kirche in Deutschland zu sagen? Was kann die Kirche vom strategischen Management lernen? Ganz konkret: Wie kann die katholische Kirche einen Prozess der Veränderung in Angriff nehmen, bei dem sie sich wieder neu auf das Wesentliche konzentriert, nämlich ihr eigentliches „strategisches Ziel", Gott den Menschen und die Menschen Gott näher zu bringen?

2.1 Situationsanalyse und Problemstellung

In der Situationsanalyse sind sich sowohl kirchliche als auch nicht-kirchliche Vertreter einig: Die römisch-katholische Kirche in Deutschland befindet sich in einer Phase des Umbruchs[21] und fundamentaler Veränderungen.[22] In den letzten Jahren ist mitunter auch von einer „Krise" der Kirche die Rede – befeuert durch die Medienkrise im „Fall Williamson", den sog. „Kölner Klinikskandal" und die Aufdeckung zahlrei-

---

[21] Reinhard Marx, „Wir sind in einer Zeit des Umbruchs", verfügbar unter: http://www.dradio.de/dlf/sendungen/interview_dlf/1499964/.

[22] Michael Ebertz, Kirche im Gegenwind. Zum Umbruch der religiösen Landschaft, 4. Aufl., Freiburg i. Br. / Basel / Wien 2001; vgl. auch Schmitz-Peiffer, Scenario 2000 oder: Quo vadis Kirche? Möglichkeiten und Grenzen von Organisationsberatungen in kirchlichen Institutionen, in: Thomé, Martin (Hrsg.), Theorie Kirchenmanagement – Potentiale des Wandels – Analysen – Positionen – Ideen, Bonn 1998, S. 224 – 229.

cher vor allem zurückliegender Fälle sexuellen Missbrauchs in der Kirche in Deutschland. Zwar lässt sich nicht leugnen, dass sich diese Vorfälle deutlich in der Mitgliederentwicklung der Kirche wiedergespiegelt haben[23], dennoch sind solche Einzelereignisse in ihrer langfristigen Bedeutung eher marginal. Die katholische Kirche befindet sich weniger in einer (selbstgemachten) Krise als in der Zeit eines umfassenden Wandels.[24] Sie muss sich neuen gesellschaftlichen Entwicklungen adäquat und strategisch anpassen.

Nach Stand von Ende 2013 gehören der katholischen Kirche in Deutschland ca. 24,2 Mio. Menschen an und damit 29,9 % der deutschen Bevölkerung. Der Mitgliederschwund der Kirche ist im Vergleich zu anderen gesellschaftlichen Gruppierungen (Parteien, Vereine, Gewerkschaften) zwar nicht dramatisch, verläuft aber doch kontinuierlich: Jedes Jahr verliert die katholische Kirche etwa ein halbes Prozent ihrer Gläubigen. Die Anzahl der katholischen Priester ist dagegen stärker rückläufig. Hier liegt der vor allem todesfallbedingte Rückgang bei deutlich über einem Prozent pro Jahr. Man mag diese Trends werten wie man will; in jedem Falle erscheint es lohnenswert, sich darüber Gedanken zu machen, wie man als Kirche auf die neuen Herausforderungen – Säkularisierung, Individualisierung, zurückgehendes gesellschaftliches Interesse – reagiert.

---

[23] Im Jahr 2010 traten 181.193 Menschen aus der katholischen Kirche aus – erheblich mehr als im Vorjahr (123.681) und im Folgejahr (126.488); vgl. dazu die kirchlichen Statistiken: http://www.dbk.de/zahlen-fakten/kirchliche-statistik/.
[24] Vgl. auch Paul M. Zulehner, Kirchenvisionen – Orientierung in Zeiten des Kirchenumbaus, Ostfildern 2012, der bewusst von „Kirchenumbau" statt „Kirchenkrise" spricht.

An diesem Punkt ergeben sich für die Kirche folgende drei Optionen: entweder sie reagiert überhaupt nicht und fährt fort wie gewohnt – sie reagiert übereilt, operativ-kurzfristig und unstrategisch – oder aber sie nimmt einen langfristigen, strategischen Wandel im Sinne eines Change Management Prozesses ganz bewusst in den Blick. Gerade in den letzten Jahren, in denen die Kirche mit einem massiven Imageverlust in der Öffentlichkeit zu kämpfen hatte, sind viele Kirchenvertreter offen für letztere Option geworden. Die „driving forces" eines möglichen Veränderungsprozesses, die Wandeltreiber sind lauter geworden, während die „restraining forces" in der Kirche weiter abnehmen.[25] Möglicherweise ist bereits die Phase des kirchlichen „Auftauens" („unfreezing") durchschritten und die Kirche kann sich nun endlich mit konkreten Veränderungen („changing") beschäftigen. Dennoch besteht weiterhin viel Skepsis auf Seiten katholischer Entscheidungsträger: Wird sich eine Veränderung wirklich vorteilhaft auf die Kirche auswirken und stellt sie durch Management-Anleihen nicht den Glauben an das Wirken des Heiligen Geistes in der Kirche infrage?

2.2 Prämissen eines Managerial Approach

Seit einigen Jahren rückt der Querschnittsbereich „Kirche & Management" immer weiter in den Fokus sowohl von Wissenschaft als auch Praxis. Die theologische Forschung be-

---

[25] Kurt Lewin, Field theory in social sciences, New York 1951 unterteilt einen erfolgreichen Veränderungsprozess in drei Phasen („unfreezing", „changing", „refreezing"), bei der eine Organisation nach einer Phase des Erwachens Änderungen in Angriff nimmt; vgl. auch Robert Bachert & Dietmar Vahs, Change-Management in Nonprofit-Organisationen, Stuttgart 2007, S. 284 – 294.

schränkt sich hier größtenteils darauf, die Prämissen einer betriebswirtschaftlichen Betrachtung von Kirche zu eruieren.[26] Dabei stellt sie heraus, dass betriebswirtschaftliche Erkenntnisse der Kirche durchaus von Nutzen sein können. Vielmehr: Es entspringt sogar einer Forderung des Zweiten Vatikanischen Konzils, bei der Pastoral einen interdisziplinären Ansatz aufzugreifen.[27] Wandlungsfähigkeit steht nicht im Gegensatz zum Auftrag der Kirche, sondern entspricht ihrem Wesen als „Ecclesia semper reformanda" – einer Kirche, die sich immer wieder „reformieren" muss, „zurückformen" auf Christus hin.

Gegenstand der betriebswirtschaftlichen Betrachtung von Kirche kann allerdings allein die Kirche als hierarchisch organisierte Institution in ihrer Wirkungsweise nach außen sein – etwa betreffend ihrer Organisation, ihrer Außenwirkung und einzelnen „Geschäftsprozessen".[28] Maßnahmen im Rahmen eines Change Management Prozesses dürfen nicht auf den „Kerngehalt" von Kirche, ihre Visionen und dogmatischen, das heißt unveränderlichen Glaubensüberzeugungen Einfluss nehmen. Management muss diese Glaubensüberzeugungen vielmehr voraussetzen, um sie angemessen in Über-

---

[26] Vgl. Siegfried Klostermann, Management im kirchlichen Dienst. Über Sinn und Sorge kirchengemäßer Führungspraxis und Trägerschaft, Paderborn 1997; Wolfgang Pax, Führung in der Kirche – Eine Führungskonzeption für die Katholische Kirche, München 2007.
[27] Vgl. Pius Bischofberger, Kirchliches Management – gelegen oder ungelegen, in: Online Magazin Forum Kirchenmanagement, Ausgabe 2 / 2012, S. 25 – 26, www.kirchenmanagement.com/Magazin_Ausgabe2.pdf.
[28] Manfred Belok & Pius Bischofberger, Einführung – Zur ökonomischen und theologischen Perspektive des Kirche-Seins heute, in: Bischofberger, Pius & Belok, Manfred (Hrsg.), Kirche als pastorales Unternehmen. Anstöße für die kirchliche Praxis, Zürich 2008, S. 12 – 30, hier S. 13.

legungen einzubeziehen. Es setzt das „Was" der Kirche voraus und setzt am „Wie" der Kirche an, an den Formen kirchlicher Kommunikation und den Methoden effizienter Organisation. Dabei können finanzielle Gesichtspunkte und Fragen der Effizienz allerdings nicht immer im Vordergrund stehen.[29] Wenn aus Gründen des Marketings die Forderung aufgestellt wird, man müsse feststehende Glaubenssätze der Kirche überdenken bzw. reformieren, so wird die Zielrichtung von Unternehmensführung hier verfehlt. Probleme bereitet einigen noch immer das betriebswirtschaftliche Vokabular („Unternehmen", „Kunden", „Markt", „Dienstleistung"), das sich nicht unmittelbar auf die Kirche übertragen lässt und daher gewisse Irritationen auslöst.[30] Übergroße kirchliche Skepsis gegenüber wirtschaftswissenschaftlichen Methoden und Verfahren[31] („Ökonomisierung", „Mc-

---

[29] Anna Stöber, Kirche – gut beraten? Betrachtung einer Kirchengemeinde aus betriebswirtschaftlicher und funktionalistisch-systemtheoretischer Perspektive, Heidelberg 2005 plädiert für einen sparsamen, aber entschiedenen Einsatz wirtschaftlicher Effizienzmaßstäbe.

[30] Jost W. Kramer, Der Einsatz strategischer Planung in der Kirche, Hochschule Wismar, Wismarer Diskussionspapiere 3 / 2004, http://opus.zbw-kiel.de/volltexte/2004/2077/pdf/ 0403_Kramer.pdf & http://www.wi.hs-wismar.de/fbw/aktuelles/wdp/ 0403_Kramer.pdf, hier S. 5.

[31] Vgl. nur die Bedenken bei Ralph Kunz, Grenzen der Vermarktung – Marketing zwischen Ökonomisierung und Gemeindeaufbau, in: Famos, Cla Reto & Kunz, Ralph (Hrsg.), Kirche und Marketing. Beiträge zu einer Verhältnisbestimmung, Zürich 2006, S. 29 – 46 und E. Gräb-Schmidt, Die Kirche ist kein Unternehmen! Die Rede vom „Unternehmen" Kirche in ekklesiologischer Sicht, in: Fetzer, Joachim & Grabenstein, Andreas & Müller, Eckart (Hrsg.), Kirche in der Marktgesellschaft, Gütersloh 1999, S. 65 – 80, die sich gegen die Bezeichnung „Unternehmen Kirche" wehrt. Um der Kirche in ihrer Dimension als Gemeinschaft von Glaubenden und als Heilssakrament gerecht zu werden, müsste man formulieren: Die Kirche ist in erster Linie kein Unternehmen; in ihrer menschlich-

Kinsey-Kirche"[32]) erscheint allerdings auch wenig zielführend. Solange die Managementlehre die Besonderheiten der Kirche, bei der Profitmaximierung und Ausrichtung ihrer Glaubensüberzeugungen an den Markt nicht im Fokus stehen dürfen, ernst nimmt, kann sie der Kirche von großem Nutzen sein. Insbesondere muss die Managementlehre beachten, dass Amtsträger, haupt- und ehrenamtliche Mitarbeiterinnen und Mitarbeiter sowie die übrigen Gläubigen bei einem solch sensiblen Thema wie ihrem Glauben grundsätzliche Skepsis gegenüber betriebswirtschaftlicher Methodik und Veränderungsprozessen an den Tag legen. Im Rahmen von Veränderungsprozessen sollte bedacht und behutsam vorgegangen werden, um einer Stabilisierung von Gemeinden nicht entgegenzuwirken.[33] Man könnte von einer „Dienstfunktion" der BWL für kirchliches Denken und Handeln sprechen.[34] Dabei sollte aber stets im Bewusstsein bleiben, dass sich das theologisch Wesentliche nicht an be-

---

weltlichen Verfassung handelt sie aber eben auch in unternehmerischer Weise, als pastorale „Unternehmung" des Glaubens.

[32] Robert Misik, Das McKinsey-Syndrom. Von Pfarrern, die ihre Predigt „eine Dienstleistung" nennen und sich als Anbieter „auf dem Markt für Sinn-Angebote" sehen: Die Unternehmensberater haben scheinbar gesiegt. Doch die Abwehr gegen eine nur ökonomische Vernunft wächst, das Feindbild der globalisierten Eliten ist groß im Kommen, in: die tageszeitung, 23.03.2004, S. 15.

[33] Anna Stöber, Kirche – gut beraten? Betrachtung einer Kirchengemeinde aus betriebswirtschaftlicher und funktionalistisch-systemtheoretischer Perspektive, Heidelberg 2005.

[34] Manfred Belok & Pius Bischofberger, Einführung – Zur ökonomischen und theologischen Perspektive des Kirche-Seins heute, in: Bischofberger, Pius & Belok, Manfred (Hrsg.), Kirche als pastorales Unternehmen. Anstöße für die kirchliche Praxis, Zürich 2008, S. 12 – 30, hier S. 18.

triebswirtschaftlichen Maßstäben orientiert bzw. orientieren darf.[35]

2.3 Zum Forschungsstand

Der Querschnittsbereich Kirche & Management wurde maßgeblich in den letzten zehn Jahren durch das verstärkte Interesse sowohl von Betriebswirten als auch von Theologen vorangebracht. Er steckt aber noch immer „in den Kinderschuhen".[36] Eine einheitliche Terminologie für den Themenbereich hat sich bislang nicht durchgesetzt. So tauchen Bezeichnungen wie „Kirchenmanagement", „kirchliches Management", „Kirchenmarketing" oder „Church Management" auf.[37] Ein Großteil der neueren Veröffentlichungen zum kirchlichen Management wurden von Kirchenpraktikern, Unternehmensberatern, Managementexperten aus dem Non-Profit-Bereich und interdisziplinär vernetzen Pastoraltheologen veröffentlicht. Dies bringt es mit sich, dass viele Arbeiten auf ganz konkrete Beispiele, etwa ein gelungenes Pastoralprojekt, zurückgehen und wenig generalisierbar sind. Andere Arbeiten rekurrieren auf Managementtheorien, bringen aber wenige Erkenntnisse für die kirchliche Praxis mit sich.

---

[35] Pius Bischofberger, Kirchliches Management. Grundlagen und Grenzen, Münster 2005, S. 13.
[36] Pius Bischofberger, Kirchliches Management – gelegen oder ungelegen, in: Online Magazin Forum Kirchenmanagement, Ausgabe 2 / 2012, S. 25 – 26, www.kirchenmanagement.com/Magazin_Ausgabe2.pdf.
[37] Daniel Kosch, Kirchenmanagement, ein irritierender Begriff, in: Die Politik 3 / 2011, S. 24.

Zur Forschung haben maßgeblich Hochschulseminare, Fachtagungen und Organisationen zum Thema Kirchenmanagement beigetragen, etwa die „Eichstätter Fachtagung Kirchenmanagement" (2010), die Fachworkshops Kirchenmanagement in Nürnberg (jährlich seit 2010), das „Forum Kirchenmanagement"[38] mit einem seit 2011 jährlich erscheinenden „OnlineMagazin Kirchenmanagement", die Seminarangebote des von den Kapuzinern getragenen „Instituts für Kirche, Management und Spiritualität" in Münster[39] oder der bereits seit 1990 abgehaltene Kurs „Führen und Leiten in der Kirche" des Instituts für Theologische und Pastorale Fortbildung in Freising[40]. In einem solch praxisnahen Themenbereich wie dem kirchlichen Management findet der Diskurs nicht nur unter Wissenschaftlern einer Disziplin statt, sondern vermehrt auch unter Praktikern. Besonders hervorgetan haben sich in den letzten Jahren Valentin Dessoy[41] und Gundo Lames[42], die drei Tagungsbände zu strate-

---

[38] http://www.kirchenmanagement.com - dazu: Claudia Pfrang, Herausforderungen und Notwendigkeiten für Kirchenmanagement. Forum Kirchenmanagement – ökumenisch, akademisch, praxisnah, in: Lebendige Seelsorge, 63. Jahrgang, Heft 4 / 2012, S. 271 – 274.
[39] http://www.ikms.eu; vgl. Thomas Dienberg & Markus Warode, Spiritualität und Management. Veränderte Anforderungen an Führungskräfte in Kirche, in: Lebendige Seelsorge, 63 (2012) 280 – 285.
[40] Manfred Belok, Der Freisinger Kurs „Führen und Leiten in der Kirche", in: Bischofberger, Pius & Belok, Manfred (Hrsg.), Kirche als pastorales Unternehmen. Anstöße für die kirchliche Praxis, Zürich 2008, S. 105 – 111; Anna Hennersperger, Führen und Leiten in der Kirche, in: Lebendige Seelsorge, 63 (2012) 265 – 270.
[41] Dr. Valentin Dessoy, Dipl.-Theologe, Dipl.-Psychologe, Organisationsberater, Geschäftsführer der Firma „Kairos. Coaching, Consulting, Training" in Mainz.

gischen Herausforderungen der Kirche herausgegeben haben. Valentin Dessoy führt im Übrigen in den Diözesen Köln, Mainz, Limburg und Trier regelmäßige Fortbildungen zum Thema „Führen und Leiten" durch. Ihre Sensibilität für Fragen des kirchlichen Managements haben einzelne deutsche Diözesen dadurch bewiesen, dass sie sich in der Vergangenheit durch Strategieberatungen professionell beraten haben lassen. Die Erkenntnisse dieser zum Teil fruchtbaren, überwiegend aber verhallten Beratungsprozesse hat Suermann (2012) in seiner Dissertation zusammengetragen. Nennenswert an wissenschaftlichen Veröffentlichungen sind aus den letzten Jahren die Arbeiten „Kirchenmanagement" von Halfar & Borger (2007), „Kirchliches Management" von Bischofberger (2005) sowie die recht speziellen Arbeiten „Prozessmanagement für seelsorgliche Aufgaben" von Götz (2007)[43], „Kirche zwischen Auftrag und Bedürfnis" von Famos (2005), „Visitation und Controlling in der Kirche" von Zünd (2006) sowie „Controlling in der Kirche" von Mertes (2000). Daneben gibt es Arbeiten zu Spezialfragen des Kirchenmarketings[44], der Kirchenfinanzierung bzw. des kirchli-

---

[42] Dr. Gundo Lames, Dipl.-Theologe, Organisationsberater, Leiter der Abteilung Grundsatzfragen der Hauptabteilung Pastorale Dienste im Bischöflichen Generalvikariat Trier.

[43] Vgl. auch Matthias Hembrock, Ein Pfarrbüro wird zum Servicecenter, in: Lebendige Seelsorge, 63 (2012) 248 – 253.

[44] Johannes Fischer, Marketing in der Kirche? Entwurf einer Typik kirchlichen Handelns, in: Famos, Cla Reto & Kunz, Ralph (Hrsg.), Kirche und Marketing. Beiträge zu einer Verhältnisbestimmung, Zürich 2006, S. 47 – 70; Steffen W. Hillebrecht, Grundlagen des Kirchlichen Marketing, in: Marketing 4 / 1995, S. 221 – 231; Wilfried Mödinger, Kirchenmarketing. Strategisches Marketing für kirchliche Angebote, Stuttgart 2001; Hans Raffée, Kirchenmarketing – Irrweg oder Gebot der Vernunft?, in: Bauer, Hans H. & Diller, Hermann (Hrsg.), Wege des Marketing. Festschrift zum 60. Geburtstag von Erwin Dichtl (Schriften zum Marketing 36), Berlin

chen Finanzmanagements[45] oder der kirchlichen Rechnungslegung[46]. Auf evangelischer Seite haben sich Hans-Jürgen Abromeit, Michael Herbst, Klaus-Martin Strunk und Peter Böhlemann durch ihren Ansatz zum „spirituellen Gemeindemanagement" besonders hervorgetan.[47] Auch aus den

---

1995; Matthias Sellmann / Dieter Rehmann / Michael Jochim / Daniel Bürger / Martin Steffen (Hrsg.), Kirche im Kampf um öffentliche Aufmerksamkeit (Sinnstiftermag 01-05), Münster 2012; Marion Stanton Webb, Church marketing. Building and sustaining membership, in: Services marketing quarterly 1 / 2012, S. 68 – 84.

[45] Thomas Begrich, Kirchliches Finanzmanagement und Entscheidungskulturen, in: Halfar, Bernd (Hrsg.), Erfolgspotenziale der Kirche – ein Blick aus dem Management, Baden-Baden 2012, S. 87 – 100; Bruno Dähler & Urban Fink, New Church Management. Finanzmanagement und Kundenmarketing in der katholischen Kirche in der Schweiz, Bern / Stuttgart / Wien 1999; Klaus Donaubauer, Finanzmanagement in der Kirche – Aspekte kirchlicher Finanzentscheidungen, in: Halfar, Bernd (Hrsg.), Erfolgspotenziale der Kirche – ein Blick aus dem Management, Baden-Baden 2012, S. 103 – 116; Daniel Kosch, Demokratisch – solidarisch – unternehmerisch. Organisation, Finanzierung und Management in der katholischen Kirche in der Schweiz, Zürich 2007; Klaus Vellguth, Kirche und Fundraising. Neue Wege einer zukunftsfähigen Kirchenfinanzierung, Freiburg i. Br. / Basel / Wien 2007.

[46] Claudia Leimkühler, Unternehmensrechnung und ihre Überwachung in kirchlichen Verwaltungen. Eine Analyse aus Sicht der Katholischen Kirche in Deutschland, Frankfurt a. M. 2003.

[47] Hans-Jürgen Abromeit, Was ist Spirituelles Gemeindemanagement? Notwendige Standards für die Ausbildung von Pfarrerinnen und Pfarrern, in: ders. (Hrsg.), Spirituelles Gemeindemanagement, Göttingen 2001, S. 9 – 30; Michael Herbst, Spirituelles Gemeindemanagement, in: Kretschmar, Gerald / Pohl-Patalong, Uta / Müller, Christoph (Hrsg.), Kirche. Macht. Kultur, Gütersloh 2006, S. 195 – 210; ders., Spiritualität, Gemeindeaufbau und Marketing. Worum geht es im Spirituellen Gemeindemanagement?, in: ders. / Eyselein, Christian / Kerner, Hanns / Schmidt, Günter R. (Hrsg.), Spirituelle Aufbrüche. Perspektiven evangelischer Glaubenspraxis. FS für Manfred Seitz, Göttingen 2003, S. 178 – 198; ders., Kirche wie eine Behörde verwalten oder wie ein Unternehmen führen,

Erfahrungen der amerikanischen „Megachurch"-Bewegung (große lokale, meist evangelikale Kirchengemeinden mit zahlreichen Gottesdienstbesuchern) sind einzelne Arbeiten zum kirchlichen Management entstanden.[48]

2.4 Zum Vorgehen der Arbeit

Die vorliegende Arbeit analysiert aus betriebswirtschaftlicher Sicht, ob und wie ein Veränderungsprozess in der römisch-katholischen Kirche in Deutschland gestaltet werden kann. In zwei hinführenden Kapiteln werden zunächst die allgemeinen Dimensionen der Thematik erörtert: Welchen Voraussetzungen sind Veränderungsprozesse in Non-Profit-Organisationen unterworfen? Gilt dies auch für die Kirche? Welchen strategischen Managementansatz müsste die Kirche einem Veränderungsprozess zugrunde legen? Und wie müsste sie solch einen Veränderungsprozess angehen? Welche Instrumente könnte sie nutzen, um Veränderungen wirksam zu kontrollieren? – Im vierten Kapitel werden diese

---

in: Abromeit, Hans-Jürgen u.a. (Hrsg.), Spirituelles Gemeindemanagement, Göttingen 2001, S. 82 – 110; ders., Spirituelles Gemeindemanagement, in: Abromeit, Hans-Jürgen u. a. (Hrsg.), Leiten in der Kirche. Rechtliche, theologische und organisationswissenschaftliche Aspekte, Frankfurt am Main 2001, S. 71 – 83; ders. & Peter Böhlemann, Geistlich leiten. Ein Handbuch, Göttingen 2011; Klaus-Martin Strunk, Marketing-Orientierung in der Gemeindearbeit, in: Abromeit, Hans-Jürgen (Hrsg.), Spirituelles Gemeindemanagement, Göttingen 2001, S. 42 – 81.
[48] Kenneth Blanchard & Bill Hybels & Phil Hodges, Das Jesus-Prinzip. Führen mit biblischer Weisheit, 3. Aufl., Asslar 2000; Bill Hybels, Die Kunst des Führens. Meine Führungsprinzipien auf den Punkt gebracht, Asslar 2009; ders., Mutig führen, 3. Aufl., Asslar 2002; Matthias Sellmann, Katholische Kirche in den USA. Was wir von ihr lernen können, Freiburg i. Br. / Basel / Wien 2011; Rick Warren, Kirche mit Vision. Gemeinde, die den Auftrag Gottes lebt, Asslar 2010.

Überlegungen konkretisiert. Auf Grundlage der Erfahrungen der kirchlichen Praxis und der umfangreichen Literatur zum Thema „Kirchenmanagement" wird ein Change Management Ansatz für die katholische Kirche entwickelt, bei dem folgende Perspektiven im Vordergrund stehen: Veränderungen im kirchlichen Selbstverständnis, im kirchlichen Verkündigungsdienst (Kommunikationspolitik / Marketing), in der Organisation der Kirche, in kirchlichen Kundenbeziehungen, in der kirchlichen Produktpolitik sowie in der Personalentwicklung. Die Überlegungen in diesem vierten Kapitel sind ganz bewusst praktisch gehalten. Abschließend werden die Ergebnisse kritisch diskutiert und zusammengefasst dargestellt.

3. Change Management in Non-Profit-Organisationen

Die grundlegenden Differenzen zwischen einer Non-Profit-Organisation (NPO) und einem Unternehmen (Profit-Organisation) sind das unterschiedliche Hauptziel und die unterschiedlichen Träger.[49] Eine NPO erfüllt soziale oder gemeinnützige Zwecke und ist daher nicht primär gewinnorientiert, auch wenn sie kostendeckend arbeiten muss. In der Regel geht damit einher, dass NPOs in hohem Maße auf ehrenamtliches Engagement angewiesen sind. Die entscheidenden Stakeholder (Anspruchsgruppen) der Organisation sind nicht Eigentümer und Investoren, sondern ihre Mitglieder sowie haupt- und ehrenamtliche Mitarbeiter. Es ist daher nicht überraschend, dass sich mit Blick auf Change Management Prozesse in NPOs die Theorien der **Organisationsentwicklung** (OE) etabliert haben.[50] Hierbei steht die Beteiligung der Mitglieder der Organisation besonders im Vordergrund und nicht die rasche Implementierung neuer Strukturen und Prozesse.[51] In NPOs können Veränderungsprozesse meist nicht „top down" durchgesetzt werden, sondern müssen gemeinsam mit den

---

[49] Hans Lichtsteiner, Wenn Werte den Fortschritt hemmen. Wie Not-for-Profit-Organisationen Tradition mit Innovation verknüpfen können, in: OrganisationsEntwicklung 3 / 2012, S. 33 – 38, hier S. 34.

[50] Peter Heimerl, Organisationsentwicklung, in: Eschenbach, Rolf & Horak, Christian (Hrsg.), Führung der Nonprofit Organisation, 2. Aufl., Stuttgart 20003, S. 410 – 417; eine einheitliche Theorie der OE fehlt bisher, vgl. Andreas Schröer, Change Management pädagogischer Institutionen. Wandlungsprozesse in Einrichtungen der Evangelischen Erwachsenenbildung, Opladen 2004, S. 89f.

[51] Ebd., S. 84f.

sondern müssen gemeinsam mit den Mitgliedern der Organisation erarbeitet werden.

Am Beginn eines Veränderungsprozesses steht daher die gemeinsame Entwicklung von Unternehmenszielen und –strategien mit den Mitgliedern und Mitarbeitern der Organisation.[52] In diesen Prozess sollten bereits Vertreter verschiedener Lager und Ebenen der Organisation einbezogen werden. Der Erfolg eines Veränderungsprozesses in einer NPO hängt wesentlich von den Faktoren Diversität und Partizipation ab[53]: Es muss in den entscheidenden Gremien ein Gleichgewicht von Visionären, Machern, Optimieren und Konsolidieren herrschen. Weiterhin sind Mitarbeiter und Mitglieder auf allen Stufen der NPO in Form von Diskussionsforen und Mitbestimmung einzubeziehen. Um Konflikte schnell und einfach zu lösen, kann es empfehlenswert sein, auf Change Agents (Coach, Moderator, Vermittler) zurückzugreifen, die den Change Management Prozess neutral anleiten.[54] In den fortgeschrittenen Stadien des Veränderungsprozesses wird es darum gehen, auf Grundlage der entwickelten Strategie Prozesse und Strukturen, die herrschende Organisationskultur und das Controlling entsprechend anzupassen bzw. zu verändern.

---

[52] Robert Bachert & Dietmar Vahs, Change-Management in Nonprofit-Organisationen, Stuttgart 2007, S. 37.
[53] Hans Lichtsteiner, a.a.O., S. 37.
[54] Robert Bachert & Dietmar Vahs, a.a.O., S. 302.

4. Kirche als Unternehmen?

Die katholische Kirche als Unternehmen zu bezeichnen würde vermutlich bei vielen massiven Widerstand auslösen.[55] Richtig an dieser Betrachtungsweise ist aber, dass auch die Kirche in vielen Bereichen unternehmerisch agiert und zumindest kostendeckend arbeiten muss. Ihr primäres Ziel ist allerdings nicht – wie bei einem Unternehmen – die Maximierung ihres Gewinns. Ein Vergleich zwischen einer Non-Profit-Organisation[56] und der Kirche ist zumindest eingeschränkt richtig[57], wobei bei der Kirche der Fokus nicht ausschließlich auf dem Gemeinwohl liegt, sondern in den Kategorien von Wahrheit, Erlösung und Geist zu finden ist.[58] Die

---

[55] Thomas von Mitschke-Collande, Die Kirche muss katholischer werden, nicht römischer, in: Lebendige Seelsorge, 63. Jahrgang, 4 / 2012, S. 254 – 260, hier S. 254; E. Gräb-Schmidt, Die Kirche ist kein Unternehmen! Die Rede vom „Unternehmen" Kirche in ekklesiologischer Sicht, in: Fetzer, Joachim & Grabenstein, Andreas & Müller, Eckart (Hrsg.), Kirche in der Marktgesellschaft, Gütersloh 1999, S. 65 – 80.

[56] Eine einheitliche Definition einer NPO hat sich bisher nicht durchgesetzt; prägend ist aber doch der Fokus auf Dienstleistungen im Sozialbereich, vgl. Christoph Tiebel, Management in Non-Profit-Organisationen. Wie Wohlfahrtsverbände, Sportorganisationen und Kulturbetriebe fit für die Zukunft werden, München 2006, S. 4.

[57] Martin Lätzel, Markt- und Kundenorientierung, Produkt- und Qualitätsentwicklung. Kernthemen kirchlicher Organisationsentwicklung, in: Dessoy, Valentin & Lames, Gundo (Hrsg.), „Denn sicher gibt es eine Zukunft" (Spr 23,18). Strategische Perspektiven kirchlicher Organisationsentwicklung, Trier 2008, S. 116 – 131, hier S. 116.

[58] Vgl. Bernd Jochen Hilberath, Corporate Identity für das Unternehmen Kirche, in: ders. & Nitsche, Bernhard (Hrsg.), Ist Kirche planbar? Organisationsentwicklung und Theologie in Interaktion, Mainz 2002, S. 87 – 104, hier S. 94; Pantaleon Fassbender, Kirche(n) zwischen Wirtschaft und Non-Profit-Organisationen. Eine schwierige Standortbestimmung, in:

Kirche ähnelt insofern eher einer Stiftung, die ihre Strategie nicht jeweils neu entwickeln kann, sondern ihren Stiftungszweck von ihrem Gründer her empfängt.

4.1 Organisation der katholischen Kirche

Aus Sicht der Betriebswirtschaft stellt sich die katholische Kirche als einer der größten Konzerne weltweit dar, der allein in Deutschland mit Caritas und zahlreichen kirchlichen Unternehmen der größte nicht-staatliche Arbeitgeber ist.[59] Die katholische Kirche, an deren Haupt der Heilige Stuhl steht (Papst, römische Kurie als Verwaltungsbehörde), organisiert sich in Deutschland territorial gegliedert in 27 Diözesen mit jeweils einem Diözesanbischof, dem eine Verwaltungsbehörde (Generalvikariat / Ordinariat) zur Seite steht. Die jeweiligen Diözesen wiederum untergliedern sich in Dekanate und Pfarreien (Pfarrgemeinde, Pfarrverbünde). Daneben besteht die Caritas, organisiert im Deutschen Caritasverband, der sich wiederum in diözesane Caritasverbände und insgesamt mehr als 900 eigenständige Organisationseinheiten untergliedert. Ein Change Management Prozess wird an sämtlichen dieser Ebenen ansetzen müssen.

Thomé, Martin (Hrsg.), Theorie Kirchenmanagement –Potentiale des Wandels – Analysen – Positionen – Ideen, Bonn 1998, S. 156 – 166.

[59] Vgl. Michael Fleck & Oliver Dyma, Bischöfe als mittleres Management des Weltkonzerns Kirche. Pastorale Konsequenzen für das Bischofsamt im Spannungsfeld zwischen Orts- und Weltkirche, in: Hilberath, Bernd Jochen & Nitsche, Bernhard (Hrsg.), Ist Kirche planbar? Organisationsentwicklung und Theologie in Interaktion, Mainz 2002, S. 165 – 176, hier S. 165; Bruno Klauk & Julia Richter, Die katholische Kirche. Entwicklungen aus wirtschaftswissenschaftlicher Sicht, in: Klauk, Bruno (Hrsg.), Psychologie zwischen Glauben und Wissen(schaft), Lengerich 2009, S. 48 – 66, hier S. 56.

4.2 Strategischer Managementansatz für die katholische Kirche

Wenn in einer Organisation von Change (Management) die Rede ist, so wird man in der Regel davon ausgehen können, dass die Organisation einen Wandel in ihrer strategischen Ausrichtung durchmacht, also strategische Ziele und Leitbilder neu definieren möchte. Bei der katholischen Kirche in Deutschland ergibt sich das Problem, dass sie sich mit ihren strategischen Ziele bisher wenig beschäftigt hat und daher vor einer Neu-Orientierung eine „Erst-Orientierung" erfolgen muss. Auch wenn die katholische Kirche als Institution von oben bis unten durchorganisiert ist, fehlt ihr doch ein einheitliches und umfassendes strategisches Konzept. Man könnte von einem „Leitungsdefizit" sprechen: In der Kirche wird Leitung oft gar erst nicht wahrgenommen.[60] Die Hauptaufgabe eines Veränderungsprozesses der katholischen Kirche in Deutschland wird es damit nicht sein, an einer bestehenden Strategie nachzujustieren, sondern eine solche erst zu entwickeln. Grob gesagt gehören dazu folgende Schritte: Die katholische Kirche muss ihr eigenes Umfeld analysieren und die „Zeichen der Zeit" verstehen, sie muss eigene Ziele und Strategien bewusst planen und Schlüsselbereiche ihres eigenen Handelns definieren und zuletzt muss sie auch ihr eigenes Handeln und Auftreten kontrollieren.[61]

---

[60] Andreas Heller, Leiten in der Kirche, in: ders. / Krobath, Thomas (Hrsg.), OrganisationsEthik. Organisationsentwicklung in Kirchen, Caritas und Diakonie, Freiburg i. Br. 2003, S. 143 – 155, hier S. 143.
[61] Ludwig Kapfer, Ein Managementmodell für die Pfarre, in: ders. & Putzer, Hans & Schnider, Andreas, Die Jesusmanager. Kirche & Marketing, Innsbruck 1997, S. 89 – 164, hier S. 92.

Eine Strategie für die katholische Kirche in Deutschland und ihre einzelnen Untereinheiten lässt sich natürlich nicht am Schreibtisch erstellen. Die Erarbeitung einer solchen Strategie ist Teil des eigentlichen Change Management Prozesses, den die Kirche in den nächsten Jahren zu vollziehen hat. Bereits grundlegend steht für die Kirche aber fest: Ihre **Mission**[62] könnte man folgendermaßen prägnant zusammenfassen („Mission Statement"): „Wir wollen Menschen von Gott begeistern". Diese Dimension als missionarische Kirche ist ihr vom Evangelium her aufgetragen.[63] Die **Vision** der Kirche ist es, dass das Reich Gottes, das in dieser Welt bereits angebrochen ist, weiter unter den Menschen wächst. Zum **Leitbild** der Kirche gehören daher folgende Grundwerte, die kirchliche „Unternehmenskultur" prägen sollten: Menschlichkeit, Dienstbereitschaft, Begeisterung für Gott und das Evangelium, Spiritualität, Respekt und Achtung vor dem Individuum, Glaubwürdigkeit, Ernsthaftigkeit, Entschiedenheit, Aufrichtigkeit.

Um Mission und Leitbild in strategischen Zielen zu konkretisieren, kann die Kirche auf weitere strategische Instrumente zurückgreifen. An erster Stelle bietet sich eine Unternehmensanalyse anhand der bewährten **SWOT-Analyse** an, die Stärken / Schwächen (interne Analyse) sowie Möglichkeiten / Gefahren (externe Analyse) einer Organisation in den Blick

---

[62] Dazu: Christian Horak, Leitbild, Vision, in: Eschenbach, Rolf & Horak, Christian (Hrsg.), Führung der Nonprofit Organisation, 2. Aufl., Stuttgart 2003, S. 15 – 21.

[63] Vgl. Mt 28,19f.: „Darum geht zu allen Völkern und macht alle Menschen zu meinen Jüngern; tauft sie auf den Namen des Vaters und des Sohnes und des Heiligen Geistes, und lehrt sie, alles zu befolgen, was ich euch geboten habe. Seid gewiss: Ich bin bei euch alle Tage bis zum Ende der Welt."

nimmt.[64] Eine umfassende Analyse der Problemfelder und Schwachstellen der katholischen Kirche muss in einem umfassenden Prozess auf Ebene der einzelnen Bistümer und Pfarreien erfolgen, etwa im Rahmen von Strategieklausuren der jeweiligen Leitungsverantwortlichen mit hauptamtlichen Mitarbeitern, Ehrenamtlichen und Gläubigen unter Anleitung eines neutralen Moderators.[65] Eine Strategieklausur bringt den großen Vorteil mit sich, dass hier Zeit außerhalb des Arbeitsalltages besteht, sich mit strategischen Entscheidungen zu beschäftigen.[66] Denn auf den regelmäßigen Klausurwochenenden und Konferenzen, etwa von Pfarrgemeinderäten, Kirchenvorständen oder Bistumsleitungen, gibt es oft aktuellere und dringendere Anliegen als sich mit strategischen Fragen zu beschäftigen.[67]

Es seien aber einige Punkte skizziert, die bei vielen NPOs in heutiger Zeit als Probleme auftreten[68]: Als große Schwäche der Kirche erweist sich, dass kein funktionierendes Controlling zur Planung, Steuerung und Kontrolle kirchlichen Han-

---

[64] Tarek Haddad, SWOT-Analyse, in: Eschenbach, Rolf & Horak, Christian (Hrsg.), Führung der Nonprofit Organisation, 2. Aufl., Stuttgart 2003, S. 28 – 34.

[65] Ebd., S. 29.

[66] Dudo von Eckardstein, Strategieklausur, in: Eschenbach, Rolf & Horak, Christian (Hrsg.), Führung der Nonprofit Organisation, 2. Aufl., Stuttgart 2003, S. 404 – 407, hier S. 404.

[67] Vgl. Valentin Dessoy & Gundo Lames, Zum Schluss: Zukunft ist Jetzt, in: Dessoy, Valentin & Lames, Gundo (Hrsg.), „…und siehe, ich bin bei euch alle Tage bis an der Welt Ende!" (Mt 28,20) Zukunft offen halten und Wandel gestalten. Strategisches Denken und Handeln in der Kirche, Trier 2010, S. 248 – 251, hier S. 248.

[68] Vgl. Christoph Tiebel, Management in Non-Profit-Organisationen. Wie Wohlfahrtsverbände, Sportorganisationen und Kulturbetriebe fit für die Zukunft werden, München 2006, S. 26f.

delns besteht. Zwar gibt es auch in der Kirche zuständige Einrichtungen im jeweiligen Generalvikariat / Ordinariat, die Rechnungslegung betreiben, und im Übrigen werden nicht nur Statistiken zur Kirchenmitgliedschaft, sondern auch zum Messbesuch geführt – die Auswertung solcher Statistiken oder die Durchführung von Umfragen zur „Kundenzufriedenheit" mit einzelnen kirchlichen Angeboten ist allerdings noch schwach. Es fehlt an einem Qualitätsmanagement. Im Übrigen sind Managementverantwortlichkeiten im Bistum und in den Pfarreien meist bei wenigen Personen zentralisiert, was sich negativ gerade deshalb auswirkt, weil das ehrenamtliche Potenzial der Gläubigen so nicht vollständig genutzt wird.

4.3 Change Management Prozesse in der Kirche

Ein Change Management Prozess kann grundsätzlich „von unten", „von oben", aus der Mitte oder von mehreren Richtungen ausgehen.[69] Letztlich müssen Strategien aber auf allen Ebenen von Kirche erarbeitet werden (Bischofskonferenz, Diözese, Dekanat, Pfarrei, kirchliche Verbände) und können nicht einfach „von oben" vorgegeben werden. Die Kirche kann hier viel von der „Organisationsentwicklung"[70] lernen, die ernst nimmt, dass sich in Organisationen wie der katholischen Kirche eine Reform von oben nach unten nicht ohne überzeugte Mitarbeiter durchsetzen lässt.

---

[69] Dietmar Vahs, Organisation – Einführung in die Organisationstheorie und –praxis, 5. Aufl., Stuttgart 20005, S. 337 spricht von „Top-down", „Bottom-up", „Center-out" und „Multiple-Nucleus".
[70] Peter Heimerl, Organisationsentwicklung, in: Eschenbach, Rolf & Horak, Christian (Hrsg.), Führung der Nonprofit Organisation, 2. Aufl., Stuttgart 2003, S. 410 – 417.

Im Rahmen der Veränderungsprozesse stellen sich zahlreiche, ganz konkrete Fragen, für die auch die betriebswirtschaftliche Forschung kein „Patentrezept" parat hat[71]: In welche Richtung soll ein Veränderungsprozess gehen?[72] Wer stößt diesen Prozess an? Wer leitet ihn? Was ist das Ziel dieses Prozesses? Wie kann dafür gesorgt werden, dass einerseits katholische „Grundüberzeugungen" einen Veränderungsprozess überleben, andererseits aber auch Veränderungen überhaupt möglich werden? Wie lassen sich auch alle enttäuschten Reformer und geschockten Skeptiker „mitnehmen"? Die Fülle an Fragen und Konfliktmöglichkeiten im Rahmen von Veränderungsprozessen – gerade in einem solch emotional aufgeladenen Bereich wie dem Glauben – belegt, dass regelmäßig eine professionelle und externe Betreuung solcher Prozesse notwendig ist.[73] Externe Bera-

---

[71] Robert Bachert & Dietmar Vahs, Change-Management in Nonprofit-Organisationen, Stuttgart 2007, S. 278, 302.

[72] Grundlage für einen funktionierenden Veränderungsprozess wird es wohl sein, dass „Veränderung" und „Innovation" in der Kirche theologisch reflektiert und als Wesensmerkmal von Kirche verstanden werden (vgl. Stephan Ackermann, Innovation in der Kirche – systematisch-theologische Perspektiven, in: Dessoy, Valentin & Lames, Gundo (Hrsg.), „Siehe, ich mache alles neu" (Off 21,5). Innovation als strategische Herausforderung in Kirche und Gesellschaft, Trier 2012, S. 105 – 119, hier S. 105). Gerade Innovation und Erneuerung waren es, die Kirche durch die Zeit getragen haben.

[73] Dudo von Eckardstein & Alfred Zauner, Instrumente für das Veränderungsmanagement in NPOs, in: Badelt, Christoph & Meyer, Michael & Simsa, Ruth (Hrsg.), Handbuch der Nonprofit Organisation. Strukturen und Management, 4. Aufl., Stuttgart 2007, S. 478 – 499, hier S. 495f.: Gutachter (Mitarbeiterbefragungen), Fachberater, Trainer, Coaching, Prozessberatung; vgl. auch Heinz Jarmai, Die Rolle externer Berater im Change Management, in: Reiß, Michael / Rosenstiel, Lutz von / Lanz, Anette (Hrsg.), Change Management Programme. Projekte und Prozesse, Stuttgart 1997, S. 171 – 185.

ter stehen dabei nicht nur als neutrale Moderatoren zwischen den Parteien. Sie können auch auf emotionale Reaktionen angemessen, vermittelnd und konstruktiv reagieren: Trauer, Ärger und Angst.[74]

Den ersten Schritt von „Change" machen die jeweiligen verantwortlichen Akteure selbst, indem sie sich dafür entscheiden, einen Veränderungsprozess in Gang zu setzen. In der Sache bedeutet dies, dass sie gemeinsam ein (neues) strategisches Konzept oder Leitbild erarbeiten wollen.[75] Es wäre wünschenswert, dass die deutschen Bischöfe in dieser Anfangsphase mit gutem Vorbild vorangingen und – als eine Art „Kickoff" – zu Strategiekonferenzen in ihrem Bistum aufriefen. Der „Dialogprozess" der Deutschen Bischofskonferenz von 2011 bis 2015 darf als Indiz dafür gelten, dass die deutschen Bischöfe grundsätzlich zu einem vertieften Nachdenken über die Ausrichtung von Kirche bereit sind. Die derzeitige Situation ist besonders geeignet für Veränderungsprozesse: Der Wandlungsbedarf der Kirche dürfte nach Jahren der Krise jedem Gläubigen aufgegangen sein. Die für Veränderungen erforderliche Wandlungsbereitschaft[76] war selten so stark wie heute. Dennoch sollte wei-

---

[74] Heike Schneidereit-Mauth, Change Management in der Kirche? „Ja, bitte!" oder doch lieber „Nein, danke!", in: Wege zum Menschen, Jahrgang 64, 4 / 2012, S. 395 – 404.
[75] Vgl. zum Ganzen die neun Phasen der Leitbildentwicklung bei Christian Horak, Leitbild, Vision, in: Eschenbach, Rolf & Horak, Christian (Hrsg.), Führung der Nonprofit Organisation, 2. Aufl., Stuttgart 2003, S. 15 – 21, hier S. 20.
[76] Robert Bachert & Dietmar Vahs, Change-Management in Nonprofit-Organisationen, Stuttgart 2007, S. 279.

ter durch ungeschönte Situationsanalysen dafür sensibilisiert werden, dass Veränderungen notwendig sind.[77]

Die Entwicklung von strategischen Konzepten in Gemeinden und Bistümern kann und sollte je nach individuellen Umständen unter Zuhilfenahme externer Begleitung stattfinden. Bei diesem Prozess der Leitbildentwicklung sollten ganz klar die **Ziele und Grenzen** kirchlicher Veränderungsprozesse deutlich gemacht werden, um Irritationen und Missverständnisse zu vermeiden[78]: Die Kirche möchte sich strategisch neu orientieren. Dogmatische Neuerungen stehen nicht zur Disposition. An diesem Punkt wird es vermutlich die meisten Konflikte geben: Einzelnen Beteiligten wird es immer darum gehen, den „großen Wurf" zu initiieren und dogmatische Streitthemen wieder neu „aufzukochen", die bereits häufiger und ausgiebig diskutiert wurden, etwa den Zölibat, die Frage der Frauenordination und Fragen der katholischen Sexualmoral. Andere wiederum werden sich aus Prinzip gegen die Erarbeitung von strategischen Konzepten stellen – sei es aus Misstrauen oder Missverständnis von „Wandel", sei es aus theologischen Gründen.[79] Man könnte von „Veränderungswiderstand" sprechen.[80] Emotionale Reaktionen sind bei einem Veränderungsprozess einzuplanen. Wenn Menschen sich auf Veränderungen einlassen sol-

---

[77] Ebd., S. 280.
[78] Vgl. ebd., S. 303 auf Grundlage einer empirischen Studie des Instituts für Change Management und Innovation in den Jahren 2001/2002.
[79] Dietmar Vahs, Organisation – Einführung in die Organisationstheorie und –praxis, 5. Aufl., Stuttgart 2005, S. 295 führt folgende Hauptgründe für den Widerstand gegen Veränderungen auf: persönliche Vorbehalte, mangelnde Kommunikation, fehlendes Vertrauen, fehlende Motivation.
[80] Bernd Halfar & Andrea Borger, Kirchenmanagement. Unter Mitarbeit von Annette Schuck, Baden-Baden 2007, S. 50.

len, so spielen psychologische Faktoren eine große Rolle: Veränderungen müssen verstehbar, beeinflussbar bzw. machbar sowie sinngebunden sein.[81] Emotionale Rückschläge und Phasen der Verhärtung, bei denen ein neutraler Moderator zwischen Konfliktparteien vermitteln muss, sind jederzeit denkbar.[82] Darum sollte ein Veränderungsprozess ergebnisoffen angegangen werden, indem die Betroffenen dort abgeholt werden, wo sie sind, und niemand im Rahmen des Prozesses übergangen wird. Beim Veränderungsprozess sollten vor allem die wieder „mitgenommen" werden, die an der Wandlungsfähigkeit der Kirche zweifeln.[83]

In einem Wandelprozess wird es stets Visionäre und Missionare, Abwartende und Gleichgültige als auch Emigranten geben.[84] Bei der Zusammenstellung von Teams, die sich Gedanken über eine künftige strategische Ausrichtung von Kirche machen sollen, sollte die Gruppe der Visionäre besonders einbezogen werden – gleiches gilt für die später entscheidende Phase der Umsetzung.[85] Grundsätzlich gilt aber: Die Beteiligung von Mitarbeitern, gerade der mittleren Führungsebene, ist elementar für den Erfolg eines Verände-

---

[81] Schneidereith-Mauth, a.a.O., S. 400.
[82] Ebd., S. 401f.; Thomas Posern, Veränderungsmanagement in der Kirche als Leitungsaufgabe, in: Zeitschrift für Organisationsentwicklung und Gemeindeberatung, 3 / 2009, S. 13 – 38, hier S. 23.
[83] Vgl. Jiri Georg Kohl & Christian Lauer & Christian M. Weisner, Eine 2000-jährige Weltorganisation verändern. Kritischer Blick auf die Wandlungsfähigkeit der katholischen Kirche, in: OrganisationsEntwicklung – Zeitschrift für Unternehmensentwicklung und Change Management 3 /2012, S. 17 – 24.
[84] Vahs, Organisation, S. 304.
[85] Bachert & Vahs, Change-Management, S. 141.

rungsprozesses.[86] Mitarbeiter sollten nicht Betroffene, sondern Beteiligte sein. Schließlich hängt es nicht von den Initiatoren oder den obersten Führungskräften ab, ob ein Wandel gelingen kann, sondern von den kirchlichen Mitarbeitern – an erster Stelle von den hauptamtlichen Mitarbeitern (Priester, Diakone, Pastoral- und Gemeindereferenten), aber auch von den vielen ehrenamtlich Engagierten. Auch wenn genauso das Meinungsbild aller Katholiken und die öffentliche Meinung in einen Veränderungsprozess einfließen sollten, muss die Beteiligung der kirchlichen Mitarbeiter an erster Stelle stehen. Hier spielt nicht nur Beteiligung eine Rolle, sondern auch eine transparente und authentische Informations- und Kommunikationspolitik.[87]

Organisatorisch sollte bereits in der Vorbereitungsphase ein zeitlicher „Masterplan" erstellt werden, bis wann das strategische Konzept abzuschließen ist. Es sollte ausreichend Zeit eingeplant werden, um Kommunikation und Partizipation zu ermöglichen.[88] Auf die Vorbereitungsphase folgt die Analysephase, bei der Instrumente des strategischen Managements (Umfeld-/ Stakeholderanalyse, SWOT-Analyse, strategische Bilanz, Szenario-Technik)[89] aufgegriffen werden können. Anhand interner Analysen (Mitarbeiter) und externer Befragungen (Gläubige, Interessierte, Bevölkerung) soll ein Eigen- und Fremdbild der Kirche vor Ort erstellt werden. Auf dieser Grundlage entwickelt eine repräsentative, aber doch überschaubare Projektgruppe einen Erstentwurf eines strategischen Konzepts für die Gemeinde, Diözese bzw. den

---

[86] Ebd., S. 303.
[87] Ebd., S. 303.
[88] Ebd., S. 302.
[89] Ebd., S. 47 – 49.

kirchlichen Verband. Dies sollte im Rahmen einer Strategie-klausur mit externer, neutraler Moderation geschehen.[90] Dieser Entwurf wird dann in größeren Kreisen diskutiert und durch neue Vorschläge ergänzt – bis die Projektgruppe schließlich unter Berücksichtigung der Anregungen ein ferti-ges strategisches Konzept beschlossen hat. Der entschei-dende Schritt fehlt aber noch: Ein Veränderungsprozess wä-re nichts ohne die konsequente Umsetzung der geplanten Maßnahmen.[91] Hierzu können wiederum Instrumente des Controlling eingesetzt werden.

4.4 Management-Instrumente

Der Kirche fehlt es weder an Visionen noch Strategien. Ihr fehlt aber das Controlling.[92] Entscheidend wird es sein, dass sie den Mut aufbringt, ihre Visionen und Strategien auch zu messen und nachzuverfolgen.[93] Im Folgenden wollen wir zwei geeignete Instrumente des strategischen Manage-

---

[90] Dudo von Eckardstein, Strategieklausur, in: Eschenbach, Rolf & Horak, Christian (Hrsg.), Führung der Nonprofit Organisation, 2. Aufl., Stuttgart 2003, S. 404 – 407.

[91] Bachert & Vahs, Chance-Management, S. 303f.

[92] Gundo Lames, Kommunikation und Steuerung – Kernprozesse einer entwicklungsfähigen Kirche, in: Dessoy, Valentin & Lames, Gundo (Hrsg.), „…und siehe, ich bin bei euch alle Tage bis an der Welt Ende!" (Mt 28,20) Zukunft offen halten und Wandel gestalten. Strategisches Denken und Handeln in der Kirche, Trier 2010, S. 193 – 201, hier S. 199.

[93] Andreas Heller & Thomas Schmidt, Tugenden und Todsünden kirchli-cher Strategie-Entwicklung. Strategie-Kritik aus theologischer Perspekti-ve, in: Dessoy, Valentin & Lames, Gundo (Hrsg.), „…und siehe, ich bin bei euch alle Tage bis an der Welt Ende!" (Mt 28,20) Zukunft offen halten und Wandel gestalten. Strategisches Denken und Handeln in der Kirche, Trier 2010, S. 124 – 135, hier S. 125.

ments vorstellen, mit denen die Kirche angestrebte Strategien überprüfen kann.

4.4.1 Portfolio-Analyse

In einer Zeit des Wandels und der knapper werdenden Ressourcen kann sich die Kirche nicht nur verändern. Sie muss sich auch beschränken und auf das Wesentliche konzentrieren. Auch bei Change Management geht es nicht nur darum innovative Projekte zu initiieren. Oft müssen klare Prioritäten gesetzt werden, um „Projektitis" oder „Verzettelung" zu verhindern.[94] Vom Ansatz der Portfolio-Analyse können aber auch Projekte und Initiativen selbst profitieren, indem so der übergreifende Zusammenhang deutlich wird und sich mögliche Synergien auftun.

Bei der Portfolioanalyse wird die zu untersuchende Organisation (Diözese, Dekanat, Pfarrei, Verband) in einzelne objektbezogene Planungsbereiche – strategische Geschäftseinheiten (SGEs) – untergliedert.[95] Dies können im Kontext der Kirche etwa besondere Angebote für Jugendliche (Romfahrten für Firmlinge, Ministrantenarbeit, Kindergottesdienst) oder Senioren (Seniorenkreis) oder Engagements im

---

[94] Jürgen Jansen & Fabian Berg, Projektportfolio-Management in der kirchlichen Organisation, in: Hirzel, Matthias (Hrsg.), Projektportfolio-Management. Strategisches und operatives Multi-Projektmanagement in der Praxis, 3. Aufl., Wiesbaden 2011, S. 281 – 293, hier S. 282; Halfar & Borger, Kirchenmanagement, S. 106.

[95] Jost W. Kramer, Der Einsatz strategischer Planung in der Kirche, Hochschule Wismar, Wismarer Diskussionspapiere 3 / 2004, verfügbar unter: http://opus.zbw-kiel.de/volltexte/2004/2077/pdf/ 0403_Kramer.pdf oder http://www.wi.hs-wismar.de/fbw/aktuelles/wdp/ 0403_Kramer.pdf, hier S. 8.

karitativen Bereich (Patenschaft für Gemeinde im Ausland, Aussiedlerarbeit) sein. Diese SGEs werden im klassischen Modell der BCG-Matrix nach ihrem Marktanteil und dem prognostizierten Marktwachstum angeordnet. Durch die Anordnung der einzelnen Projektbereiche lässt sich im Einzelfall vorhersagen, wo Synergien erzielt und wie SGEs günstig in die Organisation integriert werden können. Projekte, die sich als Problemfälle erweisen (hohes Marktwachstum, geringer Marktanteil), sollten kritisch überprüft werden, „poor dogs" (geringes Marktwachstum, geringer Marktanteil) sollten in der Regel beendet werden.[96]

Ottmar Schneck hat die Anwendung der Portfolioanalyse für den Bereich der Kirche zum ersten Mal vorgeschlagen.[97] Schneck verweist hier auf ein bereits in den 1990er-Jahren abgehaltenes Strategieseminar in einer großen katholischen Diözese, bei dem auf Grundlage einer Stärken-Schwächen-Analyse und des prognostizierten Marktwachstums einzelne kirchliche SGE (Seelsorge, Soziale Dienste / Caritas, Leistungen in der Entwicklungshilfe, Markt für Freizeit) in die Vier-Felder-Portfoliomatrix der Boston Consulting Group eingeordnet wurden. Durch die Zuordnung zu den einzelnen Quadranten kam das Beraterteam zu folgenden interessanten Empfehlungen: Die SGE Entwicklungshilfe sollte ganz aufgegeben werden, da die Kirche hier nur über einen geringen Marktanteil verfügt und die SGE keine Einnahmeüberschüsse erzielt.[98] Die SGE Seelsorge sollte als für die Kirche „fundamentale SGE" in ihrer Einzigartigkeit ausge-

---

[96] Ebd., S. 9.
[97] Ottmar Schneck, Betriebswirtschaftslehre. Eine praxisorientierte Einführung mit Fallbeispielen, Frankfurt a. M. 1997, S. 85 – 88.
[98] Ebd., S. 87.

baut werden. Die SGE Caritas muss aufgrund guter Wachstumschancen und bedeutsamer Haushaltseinnahmen ebenso beibehalten werden. In der SGE Freizeit sollten einzelne Angebote, etwa für Familien, beibehalten werden, wobei ein Ausbau dieser SGE im Wettbewerb mit einer mächtigen Freizeitindustrie wohl kaum möglich sei.[99]

Halfar & Borger schlagen als Orientierung einer Portfolio-Matrix die Koordinaten Kompetenz und Wichtigkeit vor.[100] Dies erscheint im Einzelfall praktikabler als die Orientierung an Marktwachstum und Marktanteilen, die oft nur schwer messbar sind. Die Wichtigkeit von Arbeitsfeldern und die Kompetenz einer Gemeinde in diesem Bereich lassen sich hingegen mit einer einfachen Gemeindebefragung eruieren.[101] Arbeitsfelder in den einzelnen Quadranten sollten beendet (geringe Kompetenz und Wichtigkeit), besonders unterstützt (geringe Kompetenz, aber hohe Wichtigkeit) oder beibehalten (hohe Kompetenz und Wichtigkeit) werden. Die Nutzung der Portfolio-Methode kann für die Entwicklung eines strategischen Konzepts einer Gemeinde hilfreich sein. Wählt man die beiden Koordinaten Attraktivität und Zielerreichung[102], so tritt der Controlling-Aspekt bei der Portfolio-Bildung noch stärker in den Vordergrund.

---

[99] Ebd., S. 88.
[100] Halfar & Borger, Kirchenmanagement, S. 131.
[101] Halfar & Borger, Kirchenmanagement, S. 128.
[102] Tine Adler & Monika Kraus, Die Entwicklung von Mission und Leitzielen für die kirchliche Jugendarbeit: Diözese Passau, in: Buber, Renate / Meyer, Michael (Hrsg.), Fallstudien zum NPO-Management. Praktische BWL für Vereine und Sozialeinrichtungen, 2. Aufl., Stuttgart 2009, S. 78 – 96, hier S. 89.

Besonders interessant erscheint auch die Anwendung der Portfolioanalyse auf Bereiche kirchlichen Handelns außerhalb der bischöflich organisierten Kirche, etwa in Hinblick auf kirchliche Unternehmen oder die Caritas. In Zeiten knapper Ressourcen kann ein Veränderungsprozess auch einmal dazu führen, dass „Geschäftseinheiten" aus dem Angebot der Caritas verschwinden müssen, um sich auf ihren wesentlichen, nämlich kirchlichen Auftrag zu konzentrieren.[103] Die Caritas sollte jeweils kritisch-distanziert betrachten, welche Aufgabenfelder wirklich mit ihrem christlichen Grundauftrag zusammenhängen[104] und bei welchen liebgewonnenen Tätigkeitsfeldern sie sich eher verzettelt: „Wandel kann auch ‚Lassen' heißen: Konzentration auf das Wesentliche".[105]

4.4.2 Balanced Scorecard / Balanced Church Card

In der Managementlehre hat sich das Instrument der Balanced Scorecard (BSC) etabliert, das in den 1990er-Jahren in den USA entwickelt wurde.[106] Die BSC betrachtet eine Organisation aus verschiedenen, auch nicht-finanziellen Blickwin-

---

[103] Albert Hauser & Wolfgang Obermair, Change Management in der Münchener Caritas, in: Nonprofit-Management. Beispiele für Best-Practices im Dritten Sektor, 2. Aufl., Wiesbaden 2006, S. 197 – 213, hier S. 212.
[104] Lothar Roos, Zum kirchlichen Profil der Caritas, in: Die Neue Ordnung 4 / 2012, S. 275 – 283, auch verfügbar unter: http://web.tuomi-media.de/dno2/Dateien/NO412-5.pdf.; Thomas Becker, Lifting für die Außenhaut. Die Imageprobleme der Kirche und die Markenunschärfe der Caritas, in: Herder Korrespondenz 58 (2004), S. 306 – 310.
[105] Hauser & Obermair, a.a.O., 213.
[106] Robert S. Kaplan & David P. Norton, Balanced Scorecard – Strategien erfolgreich umsetzen, Stuttgart 1997.

keln und vermeidet so eine ausschließliche Fokussierung auf den Finanzbereich, die einer nachhaltigen Entwicklung manchmal entgegenstehen kann.[107] Neben der Finanzperspektive werden etwa Kundenzufriedenheit, Mitarbeiterkompetenz sowie Produkt- und Prozessinnovation in den Blick genommen. Gerade weil die Finanzperspektive nicht im Vordergrund steht, eignet sich die Anwendung der BSC besonders gut für NPOs. Die BSC misst in einzelnen strategischen Bereichen den Grad der Zielerreichung, verknüpft Ziele mit Perspektiven und Maßnahmen und dient so als Instrument des strategischen Controllings. Das Prinzip der BSC veranschaulicht folgende Skizze[108]:

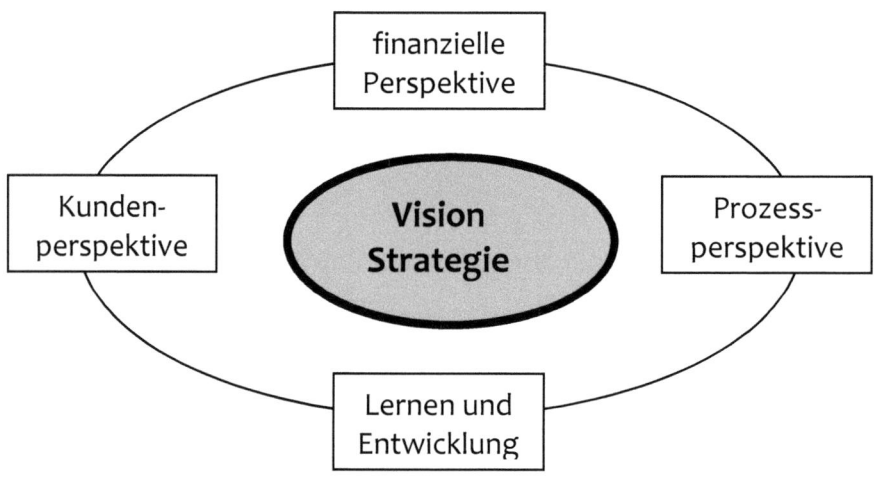

---

[107] Christoph Tiebel, Management in Non-Profit-Organisationen. Wie Wohlfahrtsverbände, Sportorganisationen und Kulturbetriebe fit für die Zukunft werden, München 2006, S. 19.
[108] Ebd., S. 55.

Ein ganzheitlicher Change Management Ansatz muss an exakt diesen Stellschrauben (Strategie, Organisation, Prozesse, Kultur, Finanzen) ansetzen.[109] Insofern erscheint die BSC als genau das richtige Instrument, um umfassende Veränderungen in der Kirche ganzheitlich anzugehen. In den letzten Jahren wurde die Anwendung einer auf die Bedürfnisse der Kirche angepassten BSC von zahlreichen Autoren gefordert.[110] Den umfassendsten Entwurf einer „Balanced Church Card" für Pfarreien und Diözesen haben Halfar & Borger mit ihrer Arbeit „Kirchenmanagement" vorgelegt.[111] Auf der BCC sollen „die Ausrichtung, die definierten Ziele, die gewünschten Initiativen und die selbst gesetzten Leistungsmaßstäbe einer kirchlichen Organisationseinheit" verzeichnet wer-

---

[109] Vgl. Vahs, Organisation, S. 295.

[110] Martin Mertes, Leistungsorientierung mit der Balanced Scorecard als Baustein eines kirchlichen Controlling, in: Scherer, Andreas Georg / Alt, Jens Michael (Hrsg.), Balanced Scorecard in Verwaltung und Non-Profit-Organisationen, Stuttgart 2002, S. 282 – 315; ders., Controlling in der Kirche. Aufgaben, Instrumente und Organisation dargestellt am Beispiel des Bistums Münster, 2. Aufl., Gütersloh 2000, S. 210 – 254; André Zünd, Visitation und Controlling in der Kirche. Führungshilfen des kirchlichen Managements, Münster 2006, S. 31 – 63; Ralph Hartmann, Der Kirchenkompass, in: Bernd Halfar (Hrsg.), Erfolgspotenziale der Kirche – ein Blick aus dem Management, Baden-Baden 2012, S. 181 – 191 (v.a. S. 187 – 189); Norbert Schuster, Welche Balanced Scorecard braucht die Kirche? Steuerung als pastoral-spirituelle Herausforderung, in: ders., Management und Theologie. Führen und Leiten als spirituelle und theologische Kompetenz. Hrsg. v. Thomas Schmidt, Freiburg im Breisgau 2008, S. 241 – 260; Gundo Lames, Strategische Steuerung (in) der Kirche – Problem oder Lösungsorientierung?, in: Dessoy, Valentin & Lames, Gundo (Hrsg.), „Denn sicher gibt es eine Zukunft" (Spr 23,18). Strategische Perspektiven kirchlicher Organisationsentwicklung, Trier 2008, S. 194 – 214.

[111] Halfar & Borger, Kirchenmanagement, S. 101 – 249.

den.[112] In ihrer Konstruktion entspricht die BCC genau der BSC:[113]

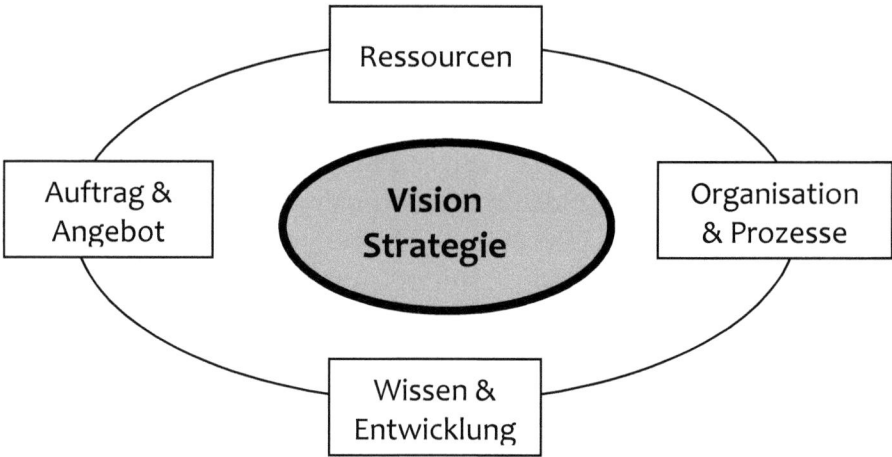

Mit diesen vier Perspektiven auf den Erfolg der Kirche deckt die BCC wesentliche Felder und Bedingungen kirchlicher Veränderungsprozesse ab:[114]

∞ **Auftrag und Angebot: Was wollen wir?**
∞ **Ressourcen: Was haben wir?**
∞ **Organisation und Prozess: Wie machen wir was?**
∞ **Wissen und Entwicklung: Welche Menschen sind beteiligt?**

---

[112] Ebd., S. 102.
[113] Ebd., S. 104.
[114] Ebd., S. 104 – 113; alternative Perspektiven bei Gundo Lames, Strategische Steuerung (in) der Kirche – Problem oder Lösungsorientierung?, in: Dessoy, Valentin & Lames, Gundo (Hrsg.), „Denn sicher gibt es eine Zukunft" (Spr 23,18). Strategische Perspektiven kirchlicher Organisationsentwicklung, Trier 2008, S. 194 – 214, hier S. 212f.: Leistungswirkung, Leistungserbringung, Personal, Finanzen, Lernen & Entwickeln.

Zu jedem dieser Felder werden leicht zu ermittelnde, beein-flussbare Kennzahlen gesammelt, die als Zielvorgabe für Maßnahmen im Rahmen kirchlicher Veränderungsprozesse dienen. So lässt sich unter verschiedenen Blickwinkeln mes-sen, ob und inwieweit die Kirche durch Veränderungspro-zesse ihren strategischen Zielen näher kommt und ob sie „Erfolg" hat. Für die einzelnen Perspektiven von Kirche werden Ziele mit Kennzahlen, Kennzahlen mit Zielwerten und konkreten Aktionen / Maßnahmen verknüpft. Hierzu ein Beispiel aus dem Konzept von Halfar & Borger[115]:

Ziel-dimensi-on	Ziel	Kenn-zahl	Ziel-wert	Aktio-nen	Verant-wortlich
Integra-tionskraft der Kir-che	negative Mitglie-derent-wicklung stoppen	Anteil Kirchen-austritte/ Kirchen-mitglie-der	weni-ger als 0,5 % pro Jahr	70 % der Gemeind emitglie-der be-suchen	Pfarrer ...

Die BCC nimmt den jeweiligen kirchlichen Gremien natürlich nicht die Denkarbeit ab, sich auf Ziele zu verständigen, messbare Kennzahlen dieser Ziele zu finden und ganz kon-krete Maßnahmen zu entwickeln. Sie ist aber ein praktisches Instrument, um die Implementierung von Zielen, Zielvorga-ben und Maßnahmen zu begleiten und zu überprüfen. Eben deshalb sollte die BCC nicht überfrachtet werden: vier Kar-ten mit jeweils fünf Kennzahlen und wenigen, aber ganz konkreten Zielen genügen.[116] Die Messung von Kennzahlen

---

[115] Halfar & Borger, Kirchenmanagement, S. 114.
[116] Ebd., S. 118.

sollte einfach sein, um die kirchliche Arbeit nicht zu belasten. Möglicherweise kann hier auf bereits in der Gemeinde verfügbare Informationen und Messungen zurückgegriffen werden. Vielfach wird aber auch eine regelmäßige Gemeindebefragung erforderlich sein, bei der zugleich neue Kontakte zu Gemeindemitgliedern entstehen können. Hierbei sollten Gemeindemitglieder weniger rückwärts gewandt über die Vergangenheit befragt werden („Wie fanden Sie diese Veranstaltung?"), sondern möglichst zukunftsgerichtet und zielorientiert („Welche Form von Veranstaltung würden Sie sich für die Zukunft wünschen?").

Der Prozess der Erstellung einer BCC kann mit dem Change Management Prozess einer Gemeinde und Diözese einher gehen. Es lohnt sich bei einer Strategiekonferenz auch eine BCC zu entwickeln, um so strategische Ziele in ganz konkrete, messbare Maßnahmen zu „übersetzen". Der Erstellung einer BCC hat freilich eine noch ausführlichere Analyse des kirchlichen Umfeldes voranzugehen, die über eine SWOT-Analyse hinausgeht. Sinnvoll erscheint es, zur Prioritätensetzung auch eine Portfolio-Analyse durchzuführen und für die einzelnen SGEs kirchlichen Handelns Teilstrategien zu entwickeln.

5. Veränderungsprozesse in kirchlichen Grundvollzügen

Im Rahmen kirchlicher Veränderungsprozesse geraten sowohl auf Seite der katholischen als auch der evangelischen Kirche stets dieselben Themen in den Fokus: Man strebt Veränderungen an unter den Perspektiven der kirchlichen Identität, des Marketings, der Personalentwicklung und der Organisationsentwicklung.[117] Damit werden die der Kirche attestierten „Hauptprobleme" in Angriff genommen, die oft in ihrem schlechten Image und antiquierten Selbstverständnis gesehen werden, zugleich aber auch auf den Ebenen von Personal und Organisation.

5.1 Kirchliches Selbstverständnis

Die grundlegende Voraussetzung für Veränderungen im kirchlichen Handeln und Auftreten dürfte eine Neuorientierung im kirchlichen Selbstverständnis sein. Wie sich die Kirche im Verhältnis zu Gott, zur Welt, zu ihren Gläubigen und zu ihrer Umwelt definiert, hängt letztlich von ihrer Vision und ihrem Leitbild ab. Im Grunde gibt es hier zwei konträre Optionen[118]: entweder ich verstehe Kirche als „Heilsanstalt Gottes" und handle als Kirche entsprechend defensiv-

---

[117] Vgl. Dieter Beese, Change Management in der Kirche, in: Online Magazin Forum Kirchenmanagement, Ausgabe 1 / 2011, S. 17 – 20.

[118] Valentin Dessoy, Kirche in Zukunft führen und leiten, in: Dessoy, Valentin & Lames, Gundo (Hrsg.), „…und siehe, ich bin bei euch alle Tage bis an der Welt Ende!" (Mt 28,20) Zukunft offen halten und Wandel gestalten. Strategisches Denken und Handeln in der Kirche, Trier 2010, S. 202 – 225, hier S. 223.

verwaltend oder sogar triumphalistisch, oder aber ich verstehe Kirche als „Zeichen und Werkzeug" der Nähe Gottes in dieser Welt[119] und handle als Kirche entsprechend offensiv-missionarisch und experimentell-wirkungsorientiert.[120] Letzteres ist nicht nur das biblischere, sondern auch das „strategischere" Selbstverständnis. Denn das primäre Ziel von Kirche lautet: Menschen mit Gott in Kontakt zu bringen, Menschen mit Gott vertraut zu machen, Menschen für Gott zu gewinnen. Die Kirche dient keinem anderen Zweck als diesem strategischen Ziel. Sie hat damit auch keinen Selbstzweck. Sie ist in erster Linie eine dienende Kirche, die die Menschen nicht als Untergebene oder Bittsteller ansieht, sondern als ihre Adressaten, ihre „Kunden", an denen sie sich auszurichten hat. Wenn die Kirche wirklich missionarisch sein möchte, ist daher „Kundenorientierung" keine bloße Nebensache.[121] Das Selbstverständnis der Kirche als Dienstleisterin, die Maß nimmt an der Zufriedenheit ihrer Adressaten, muss sich in der kirchlichen „Unternehmenskultur" und Organisation wiederspiegeln. Im Übrigen: Die Kirche wird überwiegend in der Gesellschaft als „Dienstleistungsorganisation" wahrgenommen.[122] Enttäuscht sie hier die Erwartungen ihrer potenziellen Kunden, wäre dies für sie selbst wenig förderlich.

---

[119] Vgl. Zweites Vatikanisches Konzil, Dogmatische Konstitution „Lumen gentium" über die Kirche, Nr. 1.
[120] Valentin Dessoy, Wie Kirche zu einer lernenden Organisation werden kann. Erfahrungen aus der Praxis kirchlicher Organisationsentwicklung (OE), in: Lebendige Seelsorge, 63. Jahrgang, 4 / 2012, S. 243 – 247, hier S. 244.
[121] Ebd.
[122] Pius Bischofberger, Kirchliches Management. Grundlagen und Grenzen, Münster 2005, S. 11.

Die Kirche muss daher regelmäßig reflektieren: Mit welchen „Formaten" und Wegen kann ich die Menschen der verschiedenen Milieus heute erreichen? Wie sieht mein „Markt" heute überhaupt aus?[123] Was sind die Bedürfnisse und Fragen der Menschen von heute – in den jeweiligen gesellschaftlichen Kreisen und sozialen Schichten? – Eine Segmentierung des Marktes in einzelne „Milieus" kann dazu beitragen, dass Gläubige und interessierte Menschen segmentspezifisch und damit bedürfnis- und zielgruppengerecht angesprochen werden können.[124] Nur damit wird die Kirche ihrem Selbstverständnis als offensiv-missionarische Kirche gerecht. Sie muss die Sprache der Menschen sprechen und „die Menschen" mit ihren Bedürfnissen und Sorgen kennen.

---

[123] Auch für die Kirche lassen sich Sinus-Milieu-Studien des Sinus-Instituts fruchtbar machen: Michael Ebertz, Resonanz und Distanz – Jugendliche und ihr Verhältnis zu Politik, Bildung, Freizeit und Religion. Einige Ergebnisse der neuen Sinus-Jugendstudie, 2008; Bernhard Fresacher, Religion nach Geschmack? Die Sinus-Milieu-Studien für die katholische Kirche in Deutschland, 2009; Joachim Wanke, Was uns die Sinus-Milieu-Studie über die Kirche und ihre Pastoral sagen kann – und was nicht, in: Lebendige Seelsorge, 57. Jahrgang, 4 / 2006, S. 242 – 246.

[124] Heribert Meffert, Kirche im Zeitalter der Marken, in: Sellmann, Matthias / Rehmann, Dieter / Jochim, Michael / Bürger, Daniel / Steffen, Martin (Hrsg.), Kirche im Kampf um öffentliche Aufmerksamkeit (Sinnstiftermag 01-05), Münster 2012, S. 70 – 76, hier S. 72; kritisiert wird von einigen Autoren, dass auch eine zielgruppenorientierte Ausrichtung von Liturgie und Verkündigung letztlich nur kirchennahe Menschen erreichen kann, da sich kirchliches Marketing nur im Rahmen bereits vorhandener weltanschaulicher Präferenzen bewegt (Eberhard Hauschildt & Eike Kohler & Claudia Schulz, Wider den Unsinn um Umgang mit der Milieuperspektive, in: Wege zum Menschen, 64. Jahrgang, 1 / 2012, S. 65 – 82).

An einem unternehmerisch-offensiven Selbstverständnis muss sie aber noch deutlich arbeiten.[125]

Dazu gehört auch, dass sie ganz besonders die Zielgruppe der Kirchenfernen in den Blick nehmen muss. Ohne missionarisches Profil besteht die Gefahr, dass sich die Kirche ausschließlich um „die kleine Schar engagierter Kirchgänger"[126] (Kernkirche) kümmert, allerdings die vielen „verlorenen Schafe", die sich nicht mehr für die Kirche interessieren, schlicht aus dem Blick verliert.[127] Hier ist eine veränderte Kommunikationskultur erforderlich, die einerseits kirchlich Interessierte und Gelegenheitskirchgänger persönlich anspricht und zu einem persönlichen Kontakt einlädt, allerdings auch die breite Masse der Kirchenfernen und Kirchenentfremdeten in den Blick nimmt und ihre Botschaft unmissverständlich und „mit einer Zunge" kommuniziert.

5.2 Kirchlicher Verkündigungsdienst

Die Nutzung moderner Medien und vielfältiger Kommunikationswege durch die Kirche folgt aus ihrer „Mission", Menschen in Kontakt mit Gott zu bringen. Entsprechend ihrem Selbstverständnis als Dienstleisterin muss kirchliche Kom-

---

[125] Valentin Dessoy / Gundo Lames, Perspektiven kirchlicher Organisationsentwicklung – Thesen aus der Sicht der Herausgeber, in: Valentin Dessoy / Gundo Lames (Hrsg.), „Denn sicher gibt es eine Zukunft" (Spr 23,18). Strategische Perspektiven kirchlicher Organisationsentwicklung, Trier 2008, S. 448 – 454, hier S. 449.

[126] Thomas von Mitschke-Collande, Schafft sich die katholische Kirche ab? Analysen und Lösungen eines Unternehmensberaters. Mit einem Vorwort von Kardinal Karl Lehmann, München 2012, S. 214.

[127] Vgl. auch Achim Buckenmaier, Ist das noch unsere Kirche? Die Zukunft der christlichen Gemeinde, Regensburg 2011.

munikation bescheiden, demütig und glaubhaft sein, vor allem aber ansprechend. Bei einer bundesweiten Organisation mit 27 völlig selbständigen Untereinheiten (Diözesen) und vielen angegliederten Verbänden (Caritas) und Einrichtungen (Schulen, Hochschulen, Kindertagesstätten) ist es nicht immer ganz einfach, eine im Grunde einheitliche Botschaft so zu kommunizieren, dass sie auch als solche wahrgenommen wird. Die katholische Kirche in Deutschland weist weder eine einheitliche „Corporate Identity" noch einen bistumsübergreifenden Slogan auf, was durchaus im Rahmen eines grundlegenden und nationalen Veränderungsprozesses angegangen werden könnte.[128] Im Grunde ist eine „Corporate Identity" aber auch nicht zwingend erforderlich, sofern die katholische Kirche in ihrer Vielfalt als Einheit wahrnehmbar ist, indem sie sich in ihren vielfältigen Strukturen als „katholisch" positioniert, die Marke „katholisch" prägt und als solche kommuniziert. Dabei könnte sie auch das positive Image, das sie durch ihr sozial-karitatives (Caritas) und pädagogisches Engagement (Schulen, Hochschulen) erlangt, auf andere „strategische Geschäftseinheiten", etwa den kirchlichen Verkündigungsdienst transferieren und so möglicherweise verstärkter kirchenferne Milieus ansprechen.[129] Die Medien meinen ja, wenn sie mit der „katholischen Kirche" abrechnen, sehr häufig allein die „Amtskirche" – und hier vor allem die verantwortlichen Bischöfe. Dabei wird allzu gerne vergessen, dass die Kirche nicht nur aus denen da „oben", sondern in erster Linie als Volk Gottes

---

[128] Mitschke-Collande, a.a.O., S. 183; vgl. auch Bernd Jochen Hilberath, Corporate Identity für das Unternehmen Kirche, in: ders. & Bernhard Nitsche (Hrsg.), Ist Kirche planbar? Organisationsentwicklung und Theologie in Interaktion, Mainz 2002, S. 87 – 104.
[129] Meffert, a.a.O., S. 74.

aus ihren Gliedern besteht. Man müsste noch deutlicher kommunizieren, dass „katholisch" nicht nur dort ist, wo Papst und Bischöfe sind, sondern auch dort, wo etwa katholische Kinder als Sternsinger um die Häuser ziehen, wo eine katholische Kindertagesstätte eingesegnet wird oder eine katholische Einrichtung eine gemeinnützige Veranstaltung organisiert.

Die Etablierung der Marke „katholisch" würde zugleich eine gewisse Abgrenzung zur evangelischen Kirche in Deutschland[130] ermöglichen, auch wenn die beiden großen christlichen Kirchen aus Sicht der Außenstehenden eher als Markenfamilie und weniger als Konkurrenten wahrgenommen werden.[131] Dies bedeutet aber für Schritte in Richtung einer negativen Abgrenzung von der evangelischen Kirche, dass sie – im Gegensatz zu einer positiven Positionierung als „katholisch" oder einer klaren Abgrenzung zu nicht-christlichen „Wettbewerbern" – wohl eher kontraproduktiv wären. Die katholische Kirche sollte auch versuchen, ihr Image als „Moralapostolin" oder „Anwältin der Moral" loszuwerden, denn gerade dieses erschwert etwa im Rahmen des Missbrauchsskandals eigene Fehler zuzugeben.[132] Auch wenn die Kirche

---

[130] Korrekterweise müsste man von mehreren evangelischen Kirchen in Deutschland sprechen, die unter dem Dach der EKD („Evangelische Kirche in Deutschland") geeint sind. Die gemeinsame Identifizierung der evangelischen Kirchen als „EKD" zeigt, welchen Nachholbedarf die katholischen Diözesen und Bischöfe in Deutschland haben, wenn es um das einheitliche Auftreten als „katholische Kirche in Deutschland" geht.
[131] Meffert, a.a.O., S. 71.
[132] Tobias Zimmermann, Missbrauchsskandal am Canisius-Kolleg – „Wir stehen noch ganz am Anfang" (2013), verfügbar unter: www.tagesspiegel.de/berlin/missbrauchsskandal-am-canisius-kolleg-wir-stehen-noch-ganz-am-anfang/7655960.html: „Wir sind in der Kirche im-

gewisse moralische Ansprüche mitbringt, muss sie klarstellen, dass gerade auch sie in der Vergangenheit oft fehlerhaft gehandelt hat. Ein solches Selbstverständnis als Kirche aus Menschen, die zu Umkehr und Bekenntnis ihrer Schuld bereit ist, würde dazu führen Missverständnisse zu vermeiden.

Für die Kirche gilt es dabei stets zu beachten, dass sie stärker marketingfähig werden muss. Dies entspricht dem obig skizzierten Grundverständnis von Kirche, die dienend-missionarisch sein und in den Austausch mit ihren Mitgliedern und „Kunden" treten möchte und muss. Bei kirchlichem Marketing geht es in erster Linie aber nicht um unpersönliche „Werbung", sondern um einen interaktiven Kommunikationsprozess mit den Gläubigen.[133] Die Kirche muss Strukturen entwickeln, mittels derer sie mit kirchennahen und kirchenfernen Gläubigen in einen gegenseitigen Austausch eintreten kann. Als positive Beispiele seien hier genannt: die Plattform „direktzu Kardinal Meisner"[134], auf der Gläubige ihre Fragen an den Kölner Erzbischof richten und über die Beiträge anderer abstimmen können, woraufhin die bestbewerteten Beiträge von Kardinal Meisner persönlich beantwortet werden, die facebook-Seite „Firmlinge im Gespräch mit Weihbischof Schwaderlapp"[135], auf der der

---

mer noch zu stark vom Imagedenken geprägt. Es gibt auch ein ungutes Wechselspiel mit der Gesellschaft, weil wir Anwälte der Moral sein sollen. Ich frage mich, ob das gut ist. Denn dann fällt es umso schwerer, Fehler zuzugeben."
[133] Heiner Koch, Public Relations für Gott? Kann, soll, muß Kirche werben?, in: Martin Thomé (Hrsg.), Theorie Kirchenmanagement –Potentiale des Wandels – Analysen – Positionen – Ideen, Bonn 1998, S. 26 – 35, hier S. 31.
[134] http://direktzu.kardinal-meisner.de/ebk.
[135] https://www.facebook.com/FirmungWBS.

Betreiber einerseits durch Statusmeldungen und Videos In-
puts an Interessenten weitergibt, andererseits aber auch mit
Firmlingen privat oder öffentlich ins Gespräch kommen
möchte, die facebook-Seite des Bischofs von Passau Stefan
Oster[136] (mit über 10.000 Likes) – und zuletzt: der bereits
zweimal im Jahr 2012 abgehaltene „facebook Gottesdienst"
von Pfarrer Dietmar Heeg, der als realer Wortgottesdienst in
einer Kirche abgehalten wird, bei dem allerdings Zuschauer
und virtuell Mitfeiernde online und in Echtzeit Fragen und
Anregungen kommunizieren können, die dann etwa während der Predigt oder in Fürbitten aufgegriffen werden. Genannt werden könnten auch die Twitter-Kurzbotschaften,
die der Heilige Vater seit dem 12. Dezember 2012 fast täglich
verbreitet und bei denen ebenfalls Kommentare und Ant-
worten möglich sind.[137] Gegenüber solchen weniger traditionellen und weniger persönlichen Formen kirchlicher Verkündigung und Liturgie kann man zwar skeptisch sein. Letztlich ist es aber bereits heute so, dass viele Gläubige – gerade
ältere und kranke – Gottesdienste nur noch virtuell über
Radio und Fernsehen verfolgen können und dies auch gerne
regelmäßig nutzen. Die Nutzung neuer Medien mit interaktiven Elementen gehört zu den Zukunftsmodellen kirchlicher
Kommunikation.

Es bleibt dennoch dabei, dass Bistümer und Pfarreien die
„traditionellen" Informationsquellen nicht vernachlässigen
sollten. Mit 64 % (davon: 31 % „häufig", 33 % „ab und zu")
ziehen Katholiken mit Abstand am meisten Informationen

---

[136] https://www.facebook.com/pages/Bischof-Stefan-
Oster/1399859893617166.
[137] https://twitter.com/Pontifex_de.

aus dem Pfarrbrief der örtlichen Kirchengemeinde.[138] Auch Tageszeitungen und Zeitschriften (45 %), Pfarrserien im Fernsehen (44 %), Gottesdienstübertragungen im Fernsehen (36 %) und Kirchenzeitungen / Bistumsblätter (29 %) sind wichtige Medien der kirchlichen Verkündigung.[139] Kirchliche Internetangebote (11 %) und Radiosender (7 %) werden dagegen nur marginal genutzt: Das gealterte kirchliche Publikum greift eher auf klassische als auf elektronische Medien zurück. Kirchenferne Kreise können mit kirchlichen Medien kaum erreicht werden.[140] Im Übrigen haben Bischöfe, Priester und andere Verantwortliche noch starke Probleme, mit ihrer sehr kirchlichen Sprache in modernen Medien richtig verstanden zu werden.[141] Eine klare und deutliche, wenn auch demütige Sprache ist gerade bei Konfliktfällen und kirchlichen „Skandalen" erforderlich. Die in der kirchlichen Verkündigung Tätigen sollten unbedingt daran feilen, verschiedene Schichten und Milieus in ihrer Sprache abzuholen. Mit der biblischen Sprache der Kirche können Jugendliche etwa weniger anfangen; Jugendliche etwa müssen bei ihren Fragen und Einwänden abgeholt werden.

Die Kirche hat einen Bekanntheitsgrad von 100 %. Im Rahmen der Nutzung der Medien muss es ihr darum gehen, gerade kirchenferne Milieus zu erreichen und sich dort ein neues Image aufzubauen.[142] Es war bereits davon die Rede,

---

[138] Institut für Demoskopie Allensbach, IfD-Umfrage 5266 (Okt./Nov. 2009).
[139] Bei der Frage nach der Nutzung von Informationsangeboten über die Kirche waren Mehrfachnennungen möglich; daher ergeben die Prozentangaben keine 100 %.
[140] Mitschke-Collande, a.a.O., S. 178f.
[141] Beispiele und Vorschläge bei Mitschke-Collande, a.a.O., S. 167 – 171.
[142] Meffert, a.a.O., S. 74.

dass die Kirche vermitteln sollte, dass nicht nur die bischöflich organisierte Amtskirche (mit ihrem in den letzten Jahren
zunehmend verschlechterten Image) zu ihr gehört, sondern
auch die Caritas, katholische Verbände, kirchliche Jugendarbeit und Events wie der Weltjugendtag. Gerade gegenüber
kirchenfernen und kirchenentfremdeten Gruppen muss die
Kirche stärker kommunizieren, dass sie sich eigentlich nicht
als Moralapostel oder Dogmatikerin versteht, sondern sich
in den kirchlichen Grundvollzügen Gottesdienst, Nächstenliebe / Caritas, Verkündigung und Gemeinschaft konstituiert.
Denkbar wäre hierzu etwa eine breit angelegte Werbekampagne der katholischen Kirche, für die sich professionelle
und allgemein verständliche Radiobeiträge oder TV-Spots
eignen würden.[143] So könnten breitere Massen und auch
weniger bildungsaffine soziale Schichten erreicht werden.[144]
Der Pastoraltheologe Matthias Sellmann berichtet von einer
groß angelegten und professionellen Werbekampagne der
katholischen Kirche in den USA („Catholics come home")[145],
bei der mit kürzeren und längeren Fernsehclips das vielfälti-
ge Engagement der Kirche, die Größe der katholischen
„global family", ihr moralisch-ethischer Anspruch und ihre
lange geschichtliche Kontinuität dargestellt wurden.[146] Die
Kampagne hatte großen Erfolg, führte zu einem deutlich

---

[143] Vgl. in Richtung mehr TV-Präsenz auch Wolfgang Stock, Kirche fehlt in
der quoten-bringenden TV-Unterhaltung, in: Sellmann, Matthias / Rehmann, Dieter / Jochim, Michael / Bürger, Daniel / Steffen, Martin (Hrsg.),
Kirche im Kampf um öffentliche Aufmerksamkeit (Sinnstiftermag 01-05),
Münster 2012, S. 48 – 51.
[144] Mitschke-Collande, a.a.O., S. 178f.
[145] http://www.catholicscomehome.org.
[146] Matthias Sellmann, Katholische Kirche in den USA. Was wir von ihr
lernen können, Freiburg i. Br. / Basel / Wien 2011, S. 63 – 72.

messbaren Imagegewinn und höherem Messbesuch.[147] Freilich wurde sie begleitet durch Kontaktmöglichkeiten für kirchenentfremdete Katholiken und alle Interessierten, die jeweils über eine Homepage oder landesweite Hotline Kontakt aufnehmen konnten zu eigens dafür geschulten Ansprechpartnern. In Deutschland würde eine Kampagne nach amerikanischem Vorbild die deutsche Bevölkerung vermutlich durchpolarisieren in einerseits kirchlich Interessierte und andererseits kategorische „Ablehner".[148] Als möglichen Angriffspunkt sehe ich die Frage der Finanzierung einer solchen Werbekampagne, denn man könnte der Kirche vorwerfen, sie nutze ihre Einnahmen nicht für gemeinnützige, sondern nur für eigennützige Zwecke.[149] Auch besteht die Gefahr, Kirchenmitglieder zu verprellen, die von neuen Formaten der kirchlichen Werbung nicht viel halten. Eine Finanzierung von Fernsehspots durch Spenden und Elemente des Sponsoring würde sich anbieten; so wurde auch in den USA das Budget von 1,3 Mio. Dollar privat aufgebracht.[150] Wenn sich die katholische Kirche in Deutschland dazu durchringen könnte eine solche Werbekampagne zu starten – was durchaus zu empfehlen ist –, so sollte sie nach amerikanischem Vorbild eine nationale Kontaktstelle mit Homepage und Hotline einrichten, bei der sich Interessierte über einen Kircheneintritt, über Angebote der Kirche und Engagement in der Kirche informieren könnten und an die örtliche Pfarrämter interessierte Menschen einfach weiterverweisen könnten. Vermutlich wird aber noch einiges an Überzeu-

---

[147] Ebd., S. 65.
[148] Ebd., S. 67.
[149] Heiner Koch, a.a.O., S. 33.
[150] Sellmann, a.a.O., S. 69.

gungsarbeit notwendig sein, bis die Kirche reif ist für eine solche großangelegte Werbekampagne.[151]

Neben einer einmaligen kirchlichen Werbekampagne muss die Kirche aber auch massiv an ihrer Presse- und Öffentlichkeitsarbeit auf Bundesebene arbeiten. Während erfahrungsgemäß lokale und regionale Medien wohlwollend über örtliche kirchliche Aktivitäten berichten, werden in den nationalen Medien kontroversere kirchliche Themen aufgegriffen. Bei 27 Diözesen, zahlreichen kirchlichen Verbänden und einer Bischofskonferenz fehlt die Schlagkraft, wenn nicht mit einer Stimme (Überlegung: „katholische Pressekonferenz"), „spitzer und lauter", konkreter und überzeugender sowie agiler und plakativer auf aktuelle Themen und Entwicklungen reagiert wird.[152] Kirchliche Medienpolitik sollte im Übrigen nicht nur reagieren, sondern auch eigenständig inhaltliche Schwerpunkte setzen, bundesweit und koordiniert über inhaltliche Themen informieren und Themenkampagnen über längere Zeit durchhalten. Mit den jeweiligen Pressestellen und Medienzentralen der Bistümer, Verbände und diözesaner Einrichtungen, aber auch den vielen Pfarrämtern vor Ort hätte die Kirche das Potenzial, nicht nur defensiv-reagierend zu wirken. Sie könnte auch proaktiv werden und Kampagnen starten: „Die Kirche muss wirklich kampagnenfähig werden, sie muss Themen finden, sie besetzen, sie gestalten und vor allem konsequent durchhalten."[153] Gerade mit Kampagnen könnte die Kirche dann auch über Fernsehen, Zeitung und andere Medien Menschen erreichen, die ihr eigentlich eher fern stehen. Besonderes Au-

---

[151] Vgl. Ebd., S. 69f.
[152] Mitschke-Collande, a.a.O., S. 181.
[153] Mitschke-Collande, a.a.O., S. 184.

genmerk sollte den Fragen Jugendlicher gelten, die geradezu den kirchlichen „Zukunftsmarkt" darstellen.[154] Bundesweite Medienkampagnen müssen verstärkt dafür sorgen, dass solche Themen zur Sprache kommen, von denen Katholiken bisher wenig Ahnung oder Wissen haben, obwohl sie in das Herz der kirchlichen Lehrverkündigung gehören: Mehr als zwei Drittel der Katholiken meinen die Haltung der Kirche zu Abtreibung (92 %), Zölibat (88 %), Empfängnisverhütung (85 %) und zur Sexualität (74 %) zu kennen, lehnen die hier vertretenen Positionen aber mehrheitlich ab.[155] Die Haltung der Kirche zum Wert menschlicher Arbeit, zum Einsatz für die Menschenrechte, zu Erziehung und Wertevermittlung sind dagegen wenig bis kaum bekannt. Hier ergeben sich zwei Aufgaben für den kirchlichen Verkündigungsdienst: Missverständnisse bei sensiblen kirchlichen Themen (Sexualität, Empfängnisverhütung, Homosexualität, Abtreibung) beseitigen und eher „unbekannte" kirchliche Themen verstärkt zur Sprache bringen. Gerade mit ihrem karitativen Engagement (86 %), ihrem Einsatz für Frieden (77 %), Menschenrechte (68 %) und ihrer Haltung zum Wert menschlicher Arbeit (65 %) und zu Erziehung / Wertevermittlung (54 %) erntet die Kirche breite Zustimmung. Angesichts dessen wäre es traurig, wenn solche Themen nicht zur Sprache kä-

---

[154] Valentin Dessoy / Gundo Lames, Perspektiven kirchlicher Organisationsentwicklung – Thesen aus der Sicht der Herausgeber, in: Valentin Dessoy / Gundo Lames (Hrsg.), „Denn sicher gibt es eine Zukunft" (Spr 23,18). Strategische Perspektiven kirchlicher Organisationsentwicklung, Trier 2008, S. 448 – 454, hier S. 448.

[155] Institut für Demoskopie Allensbach, IfD-Umfrage 5266 (Okt./Nov. 2009) – ablehnend jeweils bei: Abtreibung 66 %, Zölibat 81 %, Empfängnisverhütung 85 %, Sexualität 79 %.

men und unbekannt blieben bzw. nicht in der Außendarstellung wieder mehr Gewicht bekämen.[156]

Neben der breiten medialen Kommunikation muss die Kirche aber auch noch mehr im Bereich der persönlichen Kommunikation tun. Das Evangelium wird an erster Stelle nicht durch Werbung weitergegeben, sondern durch persönliches Zeugnis.[157] Internetvermittelte Kommunikation im Rahmen eines facebook-Gottesdienstes und kirchliche Werbekampagnen können „Initialzünder" sein, um mit der Kirche wieder in einen persönlichen Austausch zu treten. Kirchliches Marketing läuft der Grundidee kirchlicher Verkündigung nicht entgegen[158], ist aber doch ergänzungsbedürftig. Pfarrer und Bischöfe sollten Initiative ergreifen und dazu aufrufen, nach dem Gottesdienst noch ins gemeinsame Gespräch im benachbarten Pfarrheim / Gemeindezentrum zu kommen. Es entspricht dem guten amerikanischen Vorbild, dass an eine Kirche meist noch ein Gemeinschaftsraum („Narthex") angebaut ist, den man nach – oder sogar während – einem Gottesdienst aufsuchen kann.[159] Investitionen in solche Anlagen, die bei einzelnen Kirchen noch getätigt

---

[156] Mitschke-Collande, a.a.O., S. 176f.
[157] Dominik Schwaderlapp, „Es geht um die Freundschaft mit Gott" (2012); Pius Bischofberger, Kirchliches Management. Grundlagen und Grenzen, Münster 2005, S. 46.
[158] Vgl. Hans Raffée, Kirchenmarketing – Irrweg oder Gebot der Vernunft?, in: Bauer, Hans H. & Diller, Hermann (Hrsg.), Wege des Marketing. Festschrift zum 60. Geburtstag von Erwin Dichtl (Schriften zum Marketing 36), Berlin 1995, S. 164f.; kritisch dagegen: Manfred Becker-Huberti, Wie Paulus auf dem Markt? Marketing – eine zukunftsfähige Pastoralstrategie?, in: Thomé, Martin (Hrsg.), Theorie Kirchenmanagement –Potentiale des Wandels – Analysen – Positionen – Ideen, Bonn 1998, S. 177 – 188.
[159] Sellmann, a.a.O., S. 56.

werden müssten, rentieren sich. Durch kleine Akzente kann ein Kirchengebäude schnell zu einem „Wohnzimmer"[160] werden, in dem sich sämtliche Gemeindemitglieder wohlfühlen und austauschen können. Aus den Erfahrungen der Kirche in den USA erscheint es wichtig, dass Pfarrer und kirchliche Mitarbeiter Gottesdienstbesucher nach dem Gottesdienst persönlich ansprechen und kennen lernen, um einen persönlichen Kontakt aufzubauen und zu pflegen. Ein solcher Austausch kann am besten in einem angenehm gestalteten Raum gelingen, der etwa als Café oder Bar eingerichtet ist. Bereits in der Predigt oder zum Abschluss des Gottesdienstes könnte der Zelebrant die Messbesucher auf dieses Angebot hinweisen. Möglicherweise gelingt es sogar, im Anschluss an die Messe thematisch über die Predigt ins Gespräch zu kommen, um so einen ganz praktischen und persönlichen „Nutzen" aus dem Gottesdienst als „sonntäglichem Erlebnis" zu ziehen und bereichert nach Hause zu gehen. Diesen Nutzenzuwachs, der durchaus kritisch gesehen werden muss, erwarten viele Messbesucher heute.

Um Kirchenmitglieder zu „aktivieren", die nicht regelmäßig einen Gottesdienst besuchen, würde es sich lohnen, einmal pro Jahr sämtliche Gemeindemitglieder oder zumindest einzelne zu kontaktieren – postalisch, telefonisch oder mit einem (angekündigten) Hausbesuch. Um mit Menschen ins Gespräch zu kommen, ließen sich an zentralen Stellen des Bistums auch „Methoden" des Wahlkampfes übernehmen: ein Stand in einer Einkaufsstraße, das Verteilen von Flyern, ein großflächiger Banner an einer Kirche mit „plakativer" Botschaft.

---

[160] Ebd., S. 55.

5.3 Organisationsentwicklung

Eine der Stärken der katholischen Kirche ist, dass sie „von oben bis unten" klar durchorganisiert ist. Jedes Bistum ist territorial-divisional organisiert in Form von Seelsorgebereichen, Dekanaten und Pfarreien. Daneben besteht in jeder Diözese eine kirchliche Verwaltung, die in der Regel Elemente sowohl einer funktionalen (Seelsorge, Schule, Hochschule, Finanzen, Personal, IT, weitere unterstützende Prozesse) als auch divisionalen Organisation (Seelsorgebereiche / Pastoralbezirke) aufweist.[161] Das Erzbischöfliche Generalvikariat Köln, dessen Organisation im Rahmen externer Beratungen optimiert wurde, darf als Beispiel einer gemischt divisional-funktionalen Organisation gelten.[162] Vor- und Nachteile der beiden Organisationsformen wurden im Einzelfall gegeneinander abgewogen. Es erscheint sinnvoll, direkt am „Kunden" wertschöpfende Prozesse des „Front-Office" und Unterstützungsprozesse des „Back-Office" (operative Verwaltung, etwa Finanzen, Personalverwaltung, IT) klar zu trennen.[163] Dabei sollte sich die Organisation an Geschäftsprozessen orientieren, um eine möglichst effiziente Bearbeitung von Aufgaben und Kundenwünschen zu ermögli-

---

[161] Valentin Dessoy, Vom Amt zum Dienstleister. Ansätze zur Modernisierung kirchlicher Behörden, in: Dessoy, Valentin & Lames, Gundo (Hrsg.), „Denn sicher gibt es eine Zukunft" (Spr 23,18). Strategische Perspektiven kirchlicher Organisationsentwicklung, Trier 2008, S. 155 – 193, hier S. 178.

[162] Dessoy, a.a.O., 183 – 186: divisionale Serviceabteilung / funktionale Spezialabteilungen.

[163] Peter Faiß, Geschäftsprozessmanagement in kirchlichen Verwaltungen, in: Halfar, Bernd (Hrsg.), Erfolgspotenziale der Kirche – ein Blick aus dem Management, Baden-Baden 2012, S. 153 – 164, hier S. 156; Dessoy, a.a.O., S. 161f., 184.

chen.[164] Hierzu kann auch beitragen, dass die Kommunikation zwischen Verwaltung und Kunden (Pfarreien etc.) technologisch auf dem neuesten Stand gehalten und ein eigenes Informationssystem betrieben wird (zentrale Datenhaltung, elektronische Formular- und Dokumentenverwaltung).[165]

Zugleich sollte eine Bistumsverwaltung nicht personell aufgebläht sein: Personal in den Gemeinden nehmen Gläubige unmittelbar wahr, Mitarbeiter im Generalvikariat hingegen nicht. Die Kirche sollte sich möglichst dezentral und in ihrer vertikalen Struktur einfacher aufstellen.[166] Nachdenken könnte man auch bei kleineren Bistümern in Deutschland (z.B. Bistum Görlitz: weniger als 30.000 Katholiken, Bistum Magdeburg: weniger als 100.000 Katholiken) darüber, kirchliche Verwaltungen zu fusionieren und von Synergieeffekten zu profitieren.[167] Zur Sicherung der Effizienz wird auch die Einrichtung eines „Diözesan-Controllers", der dem Ortsbischof zur Seite stehen soll und im Gegensatz zum Generalvikar mit besonderer Fachkompetenz ausgestattet ist.[168] Eine

---

[164] Faiß, a.a.O., S. 155.

[165] Dessoy, a.a.O., S. 171.

[166] Valentin Dessoy, Kirche in Zukunft führen und leiten, in: Dessoy, Valentin & Lames, Gundo (Hrsg.), „…und siehe, ich bin bei euch alle Tage bis an der Welt Ende!" (Mt 28,20) Zukunft offen halten und Wandel gestalten. Strategisches Denken und Handeln in der Kirche, Trier 2010, S. 202 – 225, hier. S. 216f.

[167] Hermann Hill, Anforderungen an die Architektur einer modernen kirchlichen Verwaltung, in: Verwaltung & Management, Bd. 16, 3 / 2010, 115 – 120; ebenso in: Dessoy, Valentin & Lames, Gundo (Hrsg.), „…und siehe, ich bin bei euch alle Tage bis an der Welt Ende!" (Mt 28,20) Zukunft offen halten und Wandel gestalten. Strategisches Denken und Handeln in der Kirche, Trier 2010, S. 183 – 191.

[168] André Zünd, Visitation und Controlling in der Kirche. Führungshilfen des kirchlichen Managements, Münster 2006, S. 47.

ähnliche Einrichtung eines ehrenamtlichen „Pfarrei-Controllers" wäre auch denkbar.[169]

Kirchliche Verwaltung und Organisation darf niemals nur verwaltend sein; sie muss auch das Selbstverständnis der Kirche als „Dienstleistungsorganisation" wiederspiegeln. „Kunden" des jeweiligen Generalvikariates / Ordinariates werden an erster Stelle kirchliche Mitarbeiter, Pfarreien und Einrichtungen der kategorialen Seelsorge sein (Jugend- und Erwachsenenseelsorge, Schul- und Hochschulpastoral, Pastoral im Sozial- und Gesundheitswesen). Um sowohl der territorialen Struktur der Pfarrgemeinden als auch den Bereichen kategorialer Seelsorge gerecht zu werden, liegt es nahe, sowohl Elemente der divisionalen als auch der funktionalen Organisation in den Aufbau der kirchlichen Verwaltung aufzunehmen. Auch den Bedürfnissen kategorialer Seelsorge kann aber durch eine divisionale Organisation Rechnung getragen werden, wenn die einzelnen Orte kategorialer Seelsorge den jeweiligen Pfarreien bzw. Seelsorgebereichen zugeordnet werden. Vorteilhaft an einer divisionalen Organisation ist stets, dass so leichter Kundennähe hergestellt werden kann, keine unübersehbare Anzahl an Schnittstellen wie bei funktionaler Organisation entsteht und im Übrigen Veränderungen leichter fallen.[170]

---

[169] Ebd., 47 – 60.
[170] Valentin Dessoy, Vom Amt zum Dienstleister. Ansätze zur Modernisierung kirchlicher Behörden, in: Valentin Dessoy / Gundo Lames (Hrsg.), „Denn sicher gibt es eine Zukunft" (Spr 23,18). Strategische Perspektiven kirchlicher Organisationsentwicklung, Trier 2008, S. 155 – 193, hier S. 181.

Vermutlich wird sich in den nächsten Jahren der Trend immer weiter weg von der territorialen hin zur kategorialen Seelsorge bewegen[171]: Verhältnismäßig weniger Finanzen, Personal und Aufmerksamkeit fließen in die eigentliche Pfarrarbeit; immer wichtiger wird die „kundenorientierte" Seelsorge für einzelne Altersgruppen und thematische Zielgruppen – etwa die kirchliche Jugendarbeit oder die Behindertenseelsorge, die freilich auch unter dem Dach einer Pfarrei stattfinden kann und sollte. Möglicherweise ist an einzelnen Stellen sogar ein reibungsloser Übergang möglich: Pfarrkirchen werden geschlossen und in Orte der kategorialen Seelsorge umgestaltet, etwa als Jugendkirche. In einem Bistum könnte so ein „Netzwerk von Leuchttürmen des Glaubens"[172] entstehen, zu denen nicht nur besondere Stätten der kategorialen Seelsorge gehören müssen. Auch Bildungseinrichtungen, Wallfahrtszentren oder Ordensgemeinschaften können Orte sein, in denen (auch weit entfernt wohnende) Gläubige ihre kirchliche Heimat finden.

Damit sind wir bereits bei der Frage, wie die Zukunft der Pfarrgemeinden aussehen soll. Es ist vor allem auf den Priestermangel und die finanzielle Situation der Kirche zurückzuführen, dass immer mehr Pfarrgemeinden zusammengelegt und Kirchengebäude geschlossen werden müssen. Priester

---

[171] Vgl. etwa die Situation im Erzbistum Köln (2012): Die Aufwendungen der kategorialen Seelsorge (ca. 41 Mio. €) entsprechen immerhin bereits fast einem Fünftel der Aufwendungen der territorialen Seelsorge (ca. 235 Mio. €). Das Wachstum der Aufwendungen der kategorialen Seelsorge von 2011 auf 2012 ist mit ca. 17 % überproportional – im Vergleich dazu das Wachstum der Aufwendungen der territorialen Seelsorge: 1 %. Darüber hinaus sind die Investitionsmittel der kategorialen Seelsorge mit mehr als 5 Mio. € signifikant.
[172] Mitschke-Collande, a.a.O., S. 220.

werden immer „seltener", der persönliche Kontakt zwischen Gläubigen und Priestern wird damit geringer. Und obwohl ein einzelner Pfarrer nun viel mehr Gläubige zu betreuen hätte, wird der utopische Gedanke der „Volkskirchen-Vollversorgung" weiter aufrecht erhalten.[173] Konsequenz des Priestermangels müsste eigentlich sein, dass Laien mehr Aufgaben in der Pfarrei übernehmen und Kleriker nur dort wirken, wo wirklich ein geweihter Priester erforderlich ist.[174] Dies gilt vor allem für die zeitintensive Arbeit in kirchlichen Gremien (Kirchenvorstand, Pfarrgemeinderat) einerseits, bei der der zuständige Pfarrer nicht zwingend persönlich anwesend sein müsste, wenn etwa über bauliche Maßnahmen diskutiert wird, und die administrative Arbeit durch die Vorgaben der kirchlichen Verwaltung andererseits, durch die Pfarrer oft zeitlich „erschlagen" werden.[175] Es kann sinnvoll sein, seelsorgliche und verwaltungstechnische Aufgaben so weit zu entkoppeln, so dass Priester kaum mehr mit Verwaltungsaufgaben beschäftigt sind. In einzelnen Fällen wird ein Priester als verantwortlicher und leitender Pfarrer zwar auch wichtige organisatorische, finanzielle und bauliche Fragen und Maßnahmen für die Zukunft klären müssen. Grundsätzlich sollte allerdings das „Kerngeschäft" der eigentlichen Pastoral („Hirtendienst"), die an den „Kunden" erbracht wird, getrennt werden von unterstützenden Prozessen wie dem Finanz- und Baumanagement der Kirche

---

[173] Bruno Klauk, Organisationsentwicklung in der katholischen Kirche, in: Kaune, Axel & Bastian, Harald (Hrsg.), Change Management mit Organisationsentwicklung. Veränderungen erfolgreich durchsetzen, Berlin 2004, S. 274 – 294, hier S. 287.
[174] Bernd Halfar & Verena Unger, Controlling in der Kirche, in: Halfar, Bernd (Hrsg.), Erfolgspotenziale der Kirche – ein Blick aus dem Management, Baden-Baden 2012, S. 135 – 152, hier S. 144.
[175] Sellmann, a.a.O., S. 145.

und ihren karitativen Einrichtungen. Eine solche Entkopp-
lung kann gerade dann gelingen, wenn die Neuordnung von
Pfarreien so erfolgt, dass „pastorale Räume" gleich mehrere
Priester umfassen.[176] Das wichtige ist hier der Abschied von
Allzuständigkeit und **Alleinzuständigkeit**.[177] Nachdenken
könnte man in einzelnen Fällen auch darüber, die Verwaltung kirchlicher Einrichtungen „outzusourcen"[178] und auf
Dekanats- oder Diözesanebene anzusiedeln. Durch eine gemeinsame Verwaltung kirchlicher Kindertagesstätten etwa
könnten Synergieeffekte erzielt werden.

Die Kirche muss sich davon verabschieden, mit Kirchen und
Pfarrern immer und überall „vor Ort" präsent sein zu können. In Zeiten personaler Knappheit wird die Kirche noch
stärker dafür sorgen müssen, ehrenamtliche Mitarbeiter für

---

[176] Vgl. etwa die Reform im Erzbistum Berlin (2013) unter Rainer Maria
Kardinal Woelki: Die bestehenden ca. 100 Pfarreien werden auf 30 pastorale Räume kondensiert, in denen dann effizient gemeinsame Verwaltungen von den 270 tätigen Diözesanpriestern genutzt werden können.
[177] Andreas Unfried / Daniel Dere, Der mitteleuropäische Sonderweg –
Hauptamtliche Laien und arbeitsteilige Seelsorge, in: Andreas Unfried /
Susanne Degen / Daniel Dere / Clemens Olbrich / Mathias Wolf, XXL-
Pfarrei. Monster oder Werk des Heiligen Geistes?, Würzburg 2012, S. 51 –
60, hier S. 57.
[178] Outsourcing sollte stets auf kirchliches Outsourcing beschränkt bleiben, d.h. kirchliche Einrichtungen sollten auch in kirchlicher Trägerschaft
bleiben. Bei einer Übertragung an weltliche Arbeitgeber gilt es zu bedenken, dass so die Idee der „kirchlichen Dienstgemeinschaft" – von
den deutschen Bischöfen in ihrer Erklärung zum kirchlichen Dienst vom
27. Juni 1983 festgehalten – aufgehoben wird und sich aus Arbeitneh-
mersicht Missstände im Vergütungssystem ergeben könnten. Vgl. auch
Norbert Feldhoff, Kirchenpolitische Dimensionen von Outsourcing in
kirchlichen Einrichtungen, in: Ralph Bergold / Hans Nitsche (Hrsg.),
Dienst in der Kirche. Kommentare, Vorträge, Aufsätze von Dompropst
Dr. Norbert Feldhoff, Bad Honnef 2011, S. 67 – 72.

ihren Verkündigungsdienst zu gewinnen.[179] Dass die Kirche
ihre Gläubigen „in die Pflicht" nehmen kann, zeigen Umfragen, die das hohe Potenzial für ehrenamtliches Engagement
bei religiösen Menschen und in der Gesamtbevölkerung be-
legen.[180] Die Person des örtlichen Pfarrers wird in Zukunft
zugunsten des selbständigen ehrenamtlichen Engagements
von Laien zurücktreten. Die Kirche muss noch deutlicher
kommunizieren, dass sie sich darüber freut, wenn Laien Verantwortung übernehmen und eigene Initiativen und geistliche Gemeinschaften gründen. Oft haben Gläubige, die bisher nicht ins örtliche Pfarrleben integriert sind, Hemmungen
den ersten Schritt zu gehen und den oft örtlich weit entfern-
ten zuständigen Pfarrer zu kontaktieren. Das Pfarrleben
wirkt für viele doch noch sehr „traditionell" und verschlos-
sen – eine Veranstaltung für „Eingeschworene" eben. Es
gibt keine „Neumitgliedergespräche" und meist auch keine
offenen Sprechstunden, bei denen Gläubige und Interessierte ganz unverbindlich mit ihrem Pfarrer ins Gespräch kommen können. Das Modell „Pfarrei" muss hier fortentwickelt
werden von der Großraumpfarrei, bei der sich das eigentliche Pfarrleben ausschließlich in der örtlichen Sonntagsgemeinde abspielt und die sämtliche kirchliche Initiativen und
Projekte mitverwalten möchte, hin zur offen Pfarrei als
„tragendes Dach", die sich nicht nur als Sonntagsgemeinde
versteht, sondern auch die vielen kirchlichen Initiativen und
Gemeinschaften zu sich zählt, die „frei" der Gemeinde ange-

---

[179] Valentin Dessoy, Partner auf Augenhöhe und Träger der Botschaft.
Das „neue" Ehrenamt in einer missionarischen Kirche, in: Dessoy, Valentin & Lames, Gundo (Hrsg.), „Denn sicher gibt es eine Zukunft" (Spr
23,18). Strategische Perspektiven kirchlicher Organisationsentwicklung,
Trier 2008, S. 215 – 228.
[180] Mitschke-Collande, a.a.O., S. 247.

schlossen sind und von ihr unterstützt werden. Es wird einen Verständniswandel geben von der Kirche als „Pfarrei
vor Ort" hin zur Kirche als Netzwerk vieler verschiedener
Gemeinden, Gemeinschaften und Leuchttürme des geistlichen Lebens.[181] In Deutschland haben bereits zahlreiche
geistliche Gemeinschaften Fuß gefasst und tragen zu einer
Revitalisierung des kirchlichen Lebens bei. Die Zukunft der
Kirche liegt vor allem in solchen geistlichen Bewegungen.

5.4 „Kundenbeziehungen" der Kirche

Die größte Herausforderung der Kirche in einem umfassenden Veränderungsprozess wird es sein zu kommunizieren,
dass es ihr wirklich um ihre „Kunden" geht und nicht um die
Wahrung ihrer bisherigen weltlichen Besitzstände (Kirchensteuer). Die Kirche muss intensiv an ihrem Kundenbezie-
hungs-, Kundenbindungs- und Rückgewinnungsmanagement arbeiten. Als klare Botschaft der Kirche muss erkenn-
bar sein: „Kirche ist Dienstleister – selbst Gottesdienst ist
Kundendienst"[182].

---

[181] Franz-Peter Tebartz-van Elst, Gemeinden werden sich verändern. Mobilität als pastorale Herausforderung, Würzburg 2001; Martin Wrasmann,
Strategische Steuerung und Entwicklung aus pastoraler Perspektive.
Funktion, Rolle und Aufgabe der Akteure in pastoraler Planung und
praktischer Theologie, in: Dessoy, Valentin & Lames, Gundo (Hrsg.),
„…und siehe, ich bin bei euch alle Tage bis an der Welt Ende!" (Mt 28,20)
Zukunft offen halten und Wandel gestalten. Strategisches Denken und
Handeln in der Kirche, Trier 2010, S. 52 – 56, hier S. 54: „Netzwerk kirchli-
cher Orte".
[182] Bernd Stauss, Kundenbeziehungen als Aufgabe des Kirchenmanage-
ments? Zehn Thesen und immer die gleiche Frage: Interessiert sich die
Kirche nicht für die Beziehungen zu ihren Mitgliedern?, in: Bernd Halfar
(Hrsg.), Erfolgspotenziale der Kirche – ein Blick aus dem Management,
Baden-Baden 2012, S. 195 – 227, hier S. 195.

Ein erster Schritt auf diesem Weg wäre es, als Kirche nicht nur davon zu sprechen, es gehe ihr um die Zufriedenheit ihrer Kunden. Sie muss diese Kundenzufriedenheit auch messen. Regelmäßige Umfragen werden im Rahmen kirchlicher Veränderungsprozesse und der Entwicklung strategischer Konzepte ohnehin erforderlich sein.[183] Letztlich geht es dabei um die Evaluation kirchlicher Angebote, die durch die Gemeinde selbst, die Diözese oder externe Betreuer stattfinden könnte. Das Selbstverständnis, dass die Kirche regelmäßig Wünsche oder Meinungsbilder ihrer Kunden abfragen sollte, fehlt bisher in deutschen Diözesen.[184] Besonders spannend könnte die Evaluation von Pfarreien durch das zuständige Generalvikariat dann sein, wenn von den Ergebnissen der Umfrage finanzielle Zuwendungen abhingen; in dem Falle bestünden für den jeweiligen Pfarrer besondere Anreize, an der Qualität des kirchlichen Lebens zu arbeiten.[185]

Einer Kirche, die jährlich mehr als 100.000 Austritte verzeichnet, sollte ein angemessenes Beschwerde- und Rückgewinnungsmanagement besonders am Herzen liegen. Der erste Schritt im Rahmen des Beschwerdemanagements ist die Beschwerdestimulierung.[186] In der Kirche muss ein „Qualitätsklima" herrschen und müssen nutzbare Beschwerdekanäle vorhanden sein, so dass Kunden ihre Unzufriedenheit

---

[183] Vgl. das „Gemeindebarometer" bei Martin Rieger, Gemeindebarometer – ein Werkstattbericht, in: Bernd Halfar (Hrsg.), Erfolgspotenziale der Kirche – ein Blick aus dem Management, Baden-Baden 2012, S. 59 – 74.
[184] Sellmann, a.a.O., 101.
[185] Bernd Halfar / Andrea Borger, Kirchenmanagement. Unter Mitarbeit von Annette Schuck, Baden-Baden 2007, S. 102 mit Blick auf die Ergebnisse der BCC.
[186] Stauss, a.a.O., 211.

auch leicht artikulieren können und nicht schweigend abwandern. Beschwerden müssen angenommen und bearbeitet werden; in der Regel erwarten Kunden eine angemessene Reaktion. Sollte es in einzelnen Fällen doch zur Abwanderung und zum Kirchenaustritt kommen, sollten Wege gefunden werden, auf die Unzufriedenheit des Alt-Kunden einzugehen. Ein erster Schritt kann hier sein, den Kontakt zu ehemaligen Kirchenmitgliedern kurz nach ihrem Austritt zu suchen, was mittlerweile sogar durch Vorgabe der Deutschen Bischofskonferenz geboten ist.[187]

5.5 „Produktpolitik" der Kirche

Im Bereich ihrer „Produkte" kann die Kirche keine wesentlichen, aber doch richtungsweisende Veränderungen vollziehen. Mit den kirchlichen Grundvollzügen[188] „leiturgia" (Gottesdienst, Sakramente), „martyria" (Verkündigung), „diakonia" (Nächstenliebe, Dienst) und „koinonia" (Gemeinschaft) ist der Rahmen kirchlicher Produktpolitik umrissen, innerhalb dessen sie ihre Angebote service- und bedürfnisorien-

---

[187] Allgemeines Dekret der Deutschen Bischofskonferenz zum Kirchenaustritt vom 15.03.2011, in: Amtsblatt der Erzdiözese Freiburg, Nr. 24 vom 20. September 2012, S. 343 – 345; vgl. dazu: Georg Dietlein, Katholisch ohne Kirchensteuer? Bleibende Unklarheiten nach dem Allgemeinen Dekret der Deutschen Bischofskonferenz vom 15. März 2011, in: Archiv für katholisches Kirchenrecht, 181. Jahrgang (2012), S. 467 – 486.
[188] Dazu: Bruno Klauk / Julia Richter, Die katholische Kirche. Entwicklungen aus wirtschaftswissenschaftlicher Sicht, in: Klauk, Bruno (Hrsg.), Psychologie zwischen Glauben und Wissen(schaft), Lengerich 2009, S. 48 – 66, hier S. 58; Andreas Wollbold, Grundzüge oder dreifaches Amt? Auf der Suche nach einer praktikablen Einteilung der Pastoral, in: Sellmann, Matthias (Hrsg.), Gemeinde ohne Zukunft? Theologische Debatte und praktische Modelle, Freiburg i. Br. / Basel / Wien 2013, S. 55 – 64.

tierter gestalten muss. Die Kirche kann nur dann marketingfähig werden, wenn sie auf ihre (potenziellen) Kunden hört und ihre Meinung zu den „Produkten" der Kirche einholt: Welche Formen von Gottesdienst, welche Formate der Glaubensverkündigung und Glaubenserfahrung, welche Projekte im karitativen, sozialen, kulturellen, pädagogischen oder musikalischen Bereich, welche Gemeinschaftsevents sind erwünscht? Mit Blick auf andere Diözesen deutschland- und weltweit lassen sich hier viele Formen der Innovation finden und umsetzen: Brief- und online-Seelsorge, Radiogottesdienste, Angebote für Jugendliche und Familien, neue spirituelle Angebote und Initiativen (etwa in Anlehnung an Taizé[189]) und weitere mediale Formen der Pastoral.[190]

Das richtungsweisende Impulspapier „Kirche der Freiheit. Perspektiven für die evangelische Kirche im 21. Jahrhundert" des Rates der Evangelischen Kirche in Deutschland führt zwölf „Leuchtfeuer der Zukunft" auf. Die ersten drei davon sind dem „Aufbruch in den kirchlichen Kernangeboten" gewidmet[191]: Kirchliches Handeln muss individueller und be-

---

[189] Vgl. die Initiative „Nightfever" aus Köln, die mittlerweile in mehr als 30 deutschen Städten und auch weltweit Fuß gefasst hat. „Nightfever" veranstaltet offene Gebetsabende in Kirchen deutscher Innenstädte, bei der eucharistische Anbetung möglich ist, die mit Musik begleitet wird. Passanten werden mit Kerzen eingeladen, einen Moment in der Kirche zu verweilen, ihre Kerze anzuzünden, zu beten, einen Gebetszettel zu schreiben, das Sakrament der Beichte zu empfangen oder sich über den Glauben auszutauschen. Vgl. Hanns-Gregor Nissing / Andreas Süß (Hrsg.), Nightfever – Theologische Grundlegungen, München 2013.
[190] Halfar & Borger (2007), a.a.O., 21.
[191] Evangelische Kirche in Deutschland, Impulspapier „Kirche der Freiheit. Perspektiven für die evangelische Kirche im 21. Jahrhundert" (2006), S. 49 – 61, verfügbar unter: http://www.ekd.de/download/kirche-der-freiheit.pdf.

dürfnisorientierter gestaltet werden. Gemeindearbeit muss qualitativ hochwertiger und profilierter werden. Gemeinden müssen ein Profil aufweisen, etwa als „Citygemeinde" oder als „Mediengemeinde". Möglicherweise können hier Vernetzungen zu besonderen Orten des geistlichen Lebens oder geistlichen Gemeinschaften sinnvoll sein. Es muss besonders herausragende Begegnungsorte geben, die Menschen durch ihre hochwertige Arbeit wirklich anziehen. Vielleicht kann auch die katholische Kirche von diesen Vorschlägen der evangelischen Kirche profitieren.

Und dennoch sei betont: So sehr neue kirchliche Angebote und „Produkte" erfunden und entwickelt werden sollten, muss ein erkennbarer Kernbestand der eminent kirchlichen Lebensvollzüge bestehen bleiben. Die Kirche steht in einer ständigen Spannung zwischen Auftragsorientierung und Bedürfnisorientierung:[192] Soll sich die Kirche primär daran orientieren, was ihre Kunde ist – oder was ihre Kundinnen und Kunden sind?[193] Diese Spannung gilt es auszuhalten: Im Zentrum steht stets die Kunde der Kirche; aber diese Kunde will von ihrem Wesen her an Kundinnen und Kunden weitergegeben werden. Neue Formen des Gottesdienstes, der Anbetung und des Glaubensaustausch sind daher wünschenswert. Solche modernen Formate sollten gleichzeitig auf den Kernbestand von Kirche verweisen: den Vollzug der

---

[192] Adrian Loretan, Ökologie und Theologie im Dialog, in: Bischofberger, Pius & Belok, Manfred (Hrsg.), Kirche als pastorales Unternehmen. Anstöße für die kirchliche Praxis, Zürich 2008, S. 9 – 11, hier S. 9; vgl. Cla Reto Famos, Kirche zwischen Auftrag und Bedürfnis. Ein Beitrag zur ökonomischen Reflexionsperspektive in der Praktischen Theologie, Münster 2005.
[193] Gundo Lames, Kirche ist Organisation – und anderes, in: Lebendige Seelsorge, 63. Jahrgang, 4 / 2012, S. 226 – 232, hier S. 227.

Sakramente und die Feier der Eucharistie am Sonntag. Maximal ein Drittel der kirchlichen Ressourcen sollten daher in die Fortentwicklung kirchlicher Angebote gesteckt werden; denn „Produzieren" und „Lernen" geht nicht gleichzeitig.[194] Ein übereilter Wandel kirchlicher Angebote würde überfordern oder entfremden.

Im Rahmen der Produktpolitik als einem der vier „Marketing-Ps" sei auch ein kleiner Blick auf das „Wie" des Produkts in Hinblick auf Ort und Zeit (Place) gewagt: Die Kirche verfügt über ein ausgezeichnetes Distributionsnetz für ihre Leistungen. In fast jeder größeren Gemeinde findet sich eine Kirche oder ein Ort kirchlicher Begegnung. Die Präsenz der Kirche in Form von Kirchengebäuden, Pfarrämtern und einem örtlichen Pfarrer stellt eine Unique Selling Proposition der katholischen Kirche dar, die sie auch trotz anfallender Kosten nicht vorschnell aufgeben sollte.[195] Gläubige schätzen die Kirche dafür, dass sie im Bedarfsfall gut erreichbar ist. Allerdings sollte die Kirche hier zugleich auch für zeitliche Flexibilität sorgen: Gottesdienste sollten unter der Woche und am Wochenende zu verschiedenen Zeiten – morgens und abends – angeboten werden, um sich so an den Bedürfnissen verschiedener Kundengruppen zu orientie-

---

[194] Valentin Dessoy, Wie Kirche zu einer lernenden Organisation werden kann. Erfahrungen aus der Praxis kirchlicher Organisationsentwicklung (OE), in: Lebendige Seelsorge, 63. Jahrgang, 4 / 2012, S. 243 – 247, hier S. 245.
[195] Klauk / Richter, a.a.O., 52; Bernhard Spielberg, Pfarrgemeinde reloaded? Optionen einer zukunftsfähigen Sozialgestalt, in: Dessoy, Valentin & Lames, Gundo (Hrsg.), „…und siehe, ich bin bei euch alle Tage bis an der Welt Ende!" (Mt 28,20) Zukunft offen halten und Wandel gestalten. Strategisches Denken und Handeln in der Kirche, Trier: Paulinus, S. 176 – 181, hier S. 180.

ren.[196] Gleiches sollte für die Öffnungszeiten von Pfarrämtern gelten, um zumindest an gewissen Tagen der Woche auch Berufstätigen eine Kontaktmöglichkeit zu geben. Hier sind die meisten Pfarreien bereits auf einem guten Weg.

5.6 Personalentwicklung

Auf Ebene der Personalentwicklung ist die katholische Kirche massiven Problemen ausgesetzt.[197] Der herrschende Priestermangel, der Rückgang an Priesterweihen[198] und die zurückgehende Zahl an Priesterberufungen ist das vermutlich gravierendste Problem der Kirche, noch vor ihrem schlechten Image.[199] Der Priestermangel macht sich bereits in der notwendig gewordenen Neuorientierung pastoraler Räume bemerkbar. Der Priester in der Rolle als Pfarrer, Seelsorger und Vorsteher der Eucharistiefeier ist für die Kirche unverzichtbar.[200] Ohne ihn kommen elementare kirchliche

---

[196] Klauk / Richter, a.a.O., 54.
[197] Dazu umfassend: Christine Schrappe, Personalentwicklung im Bereich Seelsorgepersonal. Ein Schlüsselinstrument zur Gestaltung einer zukunftsfähigen Kirche, Würzburg 2012.
[198] Vgl. im Anhang die Statistik zu Kirchenmitgliedern und aktiven Priestern: Der prozentuale Rückgang an Priestern liegt jeweils über dem prozentualen Rückgang an Kirchenmitgliedern.
[199] Vgl. Joachim Kardinal Meisner, Die Sorge um Priesterberufungen. Fastenhirtenbrief 2009 (verfügbar unter: www.erzbistum-koeln.de/export/sites/erzbistum/dokumente/erzbischof/hirtenworte/jcm _hw_09fastenhirtenbrief.pdf): „Meine größte Sorge ist die Sorge um Priesterberufungen."
[200] Franz Joseph Baur, Der Priester – Genom im Organismus der Kirche, in: Dessoy, Valentin & Lames, Gundo (Hrsg.), „...und siehe, ich bin bei euch alle Tage bis an der Welt Ende!" (Mt 28,20) Zukunft offen halten und Wandel gestalten. Strategisches Denken und Handeln in der Kirche, Trier 2010, S. 100 – 105.

Grundvollzüge – die Spendung der Sakramente – gar nicht mehr zustande. Zugleich entspricht es dem kirchlichen Selbstverständnis, dass wesentliche Leitungsaufgaben in der Pfarrei durch einen geweihten Priester wahrgenommen werden müssen. Die angemessene Reaktion auf den Rückgang priesterlicher Berufungen lautet: Berufungspastoral.[201] Die Kirche muss jungen Männern eine Heimat bieten, in der ihre Berufung zu einem kirchlichen Beruf wachsen kann. Hierzu muss sie ihre „Produkte" bedürfnisorientiert an jungen Menschen ausrichten, um eine kirchliche Sozialisierung zu ermöglichen. Erfahrungsgemäß spielt die kirchliche Jugendarbeit (Ministrantenarbeit, Firmkatechese, Jugendgruppen) auf dem Weg zum Priestertum eine wichtige Rolle. Mit dem „Zentrum für Berufungspastoral" (Arbeitsstelle der Deutschen Bischofskonferenz) sowie den in jeder Diözese vorhandenen Diözesanstellen „Berufe der Kirche" hat die Kirche der Berufungspastoral eine eigene Organisation eingeräumt. Es ist zu hoffen, dass sich die Kirche auch in diesem Bereich offensiv-missionarischer ausrichtet.

Ein weiteres Problem in der kirchlichen Personalentwicklung stellt das strukturelle Führungsdefizit dar. Bei einer Vielzahl von Mitarbeitern in kirchlichen Verwaltungen sind Strukturen und Funktionen in der Regel nicht klar und eindeutig

---

[201] Vgl. Christoph Kardinal Schönborn, „Ein Umfeld schaffen, in dem geistliche Berufungen wachsen können", in: miteinander – Zeitschrift des Canisiuswerks, 85. Jahrgang, Nr. 1 / 2, 2013, S. 2f.; zur Berufungspastoral: Philipp Müller / Gerhard Schneider, Ein Beruf in der Kirche? Fragen der Berufungspastoral, Ostfildern 2013; Stefan Heße, Berufung aus Liebe zur Liebe. Auf der Spurensuche nach einer Theologie der Berufung, unter besonderer Berücksichtigung des Beitrags von Hans Urs von Balthasar, St. Ottilien 2001; Jörg Swiatek, Werden, wozu du berufen bist. Wege der Beruf(ung)spastoral, Freiburg i. Br. / Basel / Wien 1996.

definiert.[202] Führung und Leitung wird entweder gar nicht wahrgenommen, oder aber höchst individuell und wenig adäquat. Kirchliche Veränderungsprozesse unter Zugrundlegung strategischer Instrumente wie der Balanced Church Card können nur gelingen, wenn kirchliche Mitarbeiter in Führungsverantwortung entsprechend geschult sind und strategische Ziele auch ganz konkret in Mitarbeitergesprächen mit Zielvereinbarungen angegangen werden.[203] Eine spezifische Schulung und Sensibilisierung der kirchlichen Mitarbeiter für strategische Prozesse wird auch deshalb immer wichtiger, da die Anzahl der pastoralen Mitarbeiter bei sinkender Zahl aktiver Priester immer weiter zunimmt.[204]

Change Management hängt ganz wesentlich auch mit Qualifizierungsmaßnahmen zusammen. Amerikanische Literatur zum Thema „Kirchenmanagement" ist oft bereits gar nicht mehr als abstrakte Abhandlung zu Stellschrauben kirchlichen Erfolgs gehalten, sondern als Handbuch für kirchliche Mitarbeiter, wie sie die Arbeit in ihrer Pfarrei ganz konkret

---

[202] Valentin Dessoy, Reorganisation und pastorale Erneuerung. Die Neugestaltung der territorialen Seelsorge im Bistum Magdeburg, in: Organisationsentwicklung. Zeitschrift für Unternehmensentwicklung und Change Management, Bd. 26, 1 / 2007, 61 – 72, hier S. 68.

[203] Hermann-Josef Groß / Yvonne Russel, Personalentwicklung und Veränderungsmanagement in der Kirche. Theoretische Überlegungen und Praxisbeispiele aus dem Bistum Trier, in: Valentin Dessoy / Gundo Lames (Hrsg.), „Denn sicher gibt es eine Zukunft" (Spr 23,18). Strategische Perspektiven kirchlicher Organisationsentwicklung, Trier 2008, S. 88 – 101.

[204] Valentin Dessoy, Organisationsentwicklung. Kernprozess in einer zukunftsfähigen Kirche, in: Dessoy, Valentin & Lames, Gundo (Hrsg.), „Denn sicher gibt es eine Zukunft" (Spr 23,18). Strategische Perspektiven kirchlicher Organisationsentwicklung, Trier 2008, S. 32 – 60, hier S. 46f.

optimieren können.[205] Dies erinnert uns daran, dass gutes „Church Management" damit anfängt, dass Pfarrer und andere kirchliche Mitarbeiter gewisse Grundkompetenzen mitbringen, etwa die Führung von Gesprächen und Meetings beherrschen oder aber Projekte effizient organisieren können. Wenn es bei kirchlichen Mitarbeitern an solchen „Skills" mangelt, führt auch ein Veränderungsprozess nicht weit. Bischöfe sollten hier den ersten Schritt machen und eine Bildungsoffensive für Priester und Laien in Gang setzen.[206] Zu wünschen wäre auch, dass das Studium der Theologie – zumindest in der „Praktischen Theologie" (Pastoraltheologie u.a.) – noch praxisbezogener angelegt wird.[207]

5.7 Konflikt- und Krisenmanagement in der Kirche

Abschließend wird es nicht nur notwendig sein, einen strategischen Wandel der römisch-katholischen Kirche anzuleiten und auf den Weg zu bringen. Ein solcher Prozess muss auch von einem angemessenen Konflikt- und Krisenmana-

---

[205] Larry W. Boone / Mary Ann Dantuono / Margaret John Kelly / Brenda Massetti / James W. Thompson, A concise guide to Catholic Church Management, Notre Dame (Indiana) 2010.
[206] Klauk / Richter, a.a.O., 60f.; Bruno Klauk, Organisationsentwicklung in der katholischen Kirche, in: Kaune, Axel & Bastian, Harald (Hrsg.), Change Management mit Organisationsentwicklung. Veränderungen erfolgreich durchsetzen, Berlin 2004, S. 274 – 294, hier S. 285f.
[207] Bernhard Spielberg, Pastoraltheologie als Problemlösungsdisziplin. Der Beitrag von Forschung und Lehre zur Gestaltung strategischer Entwicklungs- und Veränderungsprozesse, in: Dessoy, Valentin & Lames, Gundo (Hrsg.), „...und siehe, ich bin bei euch alle Tage bis an der Welt Ende!" (Mt 28,20) Zukunft offen halten und Wandel gestalten. Strategisches Denken und Handeln in der Kirche, Trier 2010, S. 57 – 61.

gement[208] begleitet werden, gerade wenn sich Gegenbewegungen und Konflikte im innerkirchlichen Bereich abzeichnen. Eine Neuausrichtung der Kirche „auf die Menschen" muss zwar nicht zwingend heißen, dass Kirchenferne stärker in den Vordergrund und Kirchennahe und engagierte Katholiken stärker in den Hintergrund treten. In jedem Falle aber könnte der verstärkte missionarische Eifer von kirchlichen Mitarbeitern in die Richtung falsch verstanden werden, man interessiere sich nicht mehr für die, die Kirche überhaupt finanzieren. Zu ähnlichen Abwehrreaktionen könnte auch die Angst führen, dass kirchliches „Management", „Kundenorientierung", Marketing und Werbung das aus dem Blick verlieren, worum es Kirche eigentlich gehen sollte: die Wahrheit, die uns in Jesus Christus aufgeschienen ist. Nicht wenige engagierte Katholiken stehen Begriffen wie „Management" und „Marketing" im kirchlichen Bereich kritisch gegenüber. Zu unbekannt ist diese Terminologie im Kontext des Religiösen – und zu groß ist die Skepsis, dass unter dem Deckmantel guten „Managements" die Glaubenssubstanz selbst angegriffen und verraten wird.

In jedem Falle ist es ratsam, für die Konfliktbewältigung im Rahmen kirchlicher Veränderungsprozesse und in der Kirche generell ein eigenes Konfliktmanagement einzurichten, bei dem etwa Psychologen, professionelle Moderatoren und

---

[208] Dazu: Ruth Simsa / Christoph Warhanek / Helene Mayerhofer, Instrumente für das Konfliktmanagement in NPOs, in: Eschenbach, Rolf (Hrsg.), Führungsinstrumente für die Nonprofit Organisation. Bewährte Verfahren im praktischen Einsatz, Stuttgart 1998, S. 315 – 347; Tom Barth, Crisis Management in the Catholic Church. Lessons for Public Administrators, in: Public Administration Review 2010, S. 780 – 791.

Coachs eingesetzt werden könnten.[209] Im Übrigen ist eine Schulung kirchlicher Mitarbeiter in Konfliktanalyse und Konfliktbewältigung (Moderation von Konfliktgesprächen) sinnvoll.

In den letzten Jahren hat sich die kirchliche Landschaft immer weiter polarisiert: „Traditionalisten", „Erzkonservative", „gemäßigt Konservative", „Wertkonservative", „Liberale" und „Radikale" stehen sich gegenüber. Konflikte zwischen kirchlichen „Milieus" und Gruppierungen entladen sich dann in der Öffentlichkeit, auf Bistumsebene oder in kirchlichen Gremien (Kirchenvorstand, Pfarrgemeinderat, Diözesanrat). Konflikte in der Vergangenheit haben oft zur Folge, dass sich Katholiken aus dem aktiven Kirchenleben zurückziehen oder aber sich einzelne kirchliche „Grüppchen" bilden, die jeweils unter sich sein wollen. Wo kein Bewusstsein dafür besteht, dass Kirche stets Einheit in Vielheit bedeutet, steht die kirchliche Einheit auf dem Spiel.

Ein angemessenes Konfliktmanagement auf Bistumsebene muss dafür sorgen, dass bestehende Spaltungen abgebaut und Konflikte zwischen kirchlichen Gruppen gelöst werden. Dies kann etwa durch professionelle Mediation, psychologische Einzel- und Gruppengespräche oder moderierte Diskussionen angegangen werden. Im Konfliktfall sollte ein neutraler Moderator oder Vermittler stets zur Verfügung stehen, der dafür sorgt, dass beide Streitparteien angemessen zu Wort kommen. Eine professionelle Begleitung von Verände-

---

[209] Vgl. Heike Schneidereit-Mauth, Change Management in der Kirche? „Ja, bitte!" oder doch lieber „Nein, danke!", in: Wege zum Menschen, Jahrgang 64, 4 / 2012, S. 395 – 404; Simsa / Warhanek / Mayerhofer, a.a.O., 324 – 328, 340 – 348.

rungsprozessen kann sogar dazu führen, dass die Kirche aus Konflikten noch dazulernen kann.

Mit Blick auf die Vergangenheit tut die Kirche auch gut daran, an ihrem Krisen- und Risikomanagement zu arbeiten. Der Missbrauchsskandal hat sich auch 2013 fortgesetzt im öffentlich ausgetragenen Konflikt um die Missbrauchsstudie der Deutschen Bischofskonferenz. In einzelnen Bereichen sollte die römisch-katholische Kirche – gerade auf der Ebene von ganzen Bistümern und der Bischofskonferenz – ein wenig mehr Fingerspitzengefühl mitbringen. In heiklen Fragen lassen sich mögliche Probleme bereits früh erkennen. Im Krisenfall ist eine demütige, aber klare, nicht überhebliche Stellungnahme der katholischen Kirche erforderlich, möglicherweise aber auch eine öffentliche und schnelle Entschuldigung. Krisen können gemanagt werden, wenn die Krise angemessen dargestellt, angenommen, erkannt und bekannt wird, wenn sie mit einer angemessenen Kommunikationspolitik einhergeht[210], die auch Entschuldigungen umfasst. – Hierzu sollte es eigentlich aber gar nicht erst kommen. Die Kirche sollte vermeiden, nur defensiv als „schwarzer Peter" in der Öffentlichkeit zu stehen. Sie muss, wie hinsichtlich kirchlicher Kommunikationspolitik herausgearbeitet, stärker proaktiv werden.

---

[210] Keith Michael Hearit, Crisis Management by Apology. Corporate Responses to Allegations of Wrongdoing, Mahwah 2006, S. 69: Fehler anerkennen, Mitleid und Mitgefühl ausdrücken, um Vergebung bitten, Identifikation mit den Betroffenen, Versöhnung erbeten, umfassende Offenlegung von Informationen, Erklärungen liefern, Fehler bekämpfen, korrektive Maßnahmen ergreifen, Schäden wiedergutmachen.

In folgenden Bereichen sollte die Kirche ihr „vorausschau-endes" Konfliktmanagement weiter schärfen, um mögliche Krisen in Zukunft zu vermeiden: Umgang der Kirche mit Vermögen und Finanzen (Kirchensteuer, Staatsleistungen), Umgang der Kirche mit Behinderten im kirchlichen Dienst, Frauen in kirchlichen Führungspositionen, Gleichbehandlung und „Klüngelbildung" im kirchlichen Dienst, (strafrechtliche) Compliance in der Kirche[211], Sinn und Notwendigkeit der Kirchensteuer, Kommunikation bei Personalentscheidungen und Kirchenschließungen.

---

[211] Vgl. Ulrich Hemel, Soll die Kirche ihre eigenen Spielregeln überwachen? Compliance als Thema der kirchlichen Zivilgesellschaft (2011), IfS Arbeitspapier, verfügbar unter: http://www.institut-fuer-sozialstrate-gie.de/sites/default/files/upload/dokumente/re_ifs_arbeitspapier_compli ance_kirchliche_zivilgesellschaft_hemel.pdf.

6. Ergebnis und Diskussion

Auch wenn auch in der jüngeren Forschung Skepsis an der Übertragbarkeit von Management-Wissen auf die Kirche geäußert wird[212], so hat sich doch ein anderer Blick durchgesetzt: Die Betriebswirtschaftslehre ist durchaus in der Lage der Kirche bei anstehenden Veränderungsprozessen zu helfen – zumindest im Rahmen einer „Dienstfunktion". Sie kann den Prozess der Entwicklung und Umsetzung von Leitbildern und Strategien behutsam und fruchtbringend begleiten. Strategie und Leitbild muss die Kirche selbst liefern. Damit liegt es letztlich an der Kirche, ob sie bereit ist einen Prozess der Veränderung und des Aufbruchs in die Wege zu leiten.

Ein möglicher Anlass hin zu einem umfassenden Veränderungsprozess könnte der „Dialogprozess" der Deutschen Bischofskonferenz in den Jahren 2011 bis 2015 sein, bei dem kontroverse Themen von Vertretern verschiedener kirchlicher Gruppierungen – Bischöfe, Priester, Theologie-Professoren, kirchliche Mitarbeiter, Ehrenamtliche und Gläubige – diskutiert werden sollen. Der 99. Katholikentag in Mannheim im Mai 2012 hatte unter dem bezeichnenden Motto „Einen neuen Aufbruch wagen" gestanden. Die jeweiligen Gesprächsforen deckten die Grundvollzüge kirchlichen Handelns ab: „Im Heute glauben – Wo stehen wir?" (2011), „Die Zivilisation der Liebe – Unsere Verantwortung in der freien Gesellschaft" (2012), „Liturgia – Die Verehrung

---

[212] Christoph Meyns, Von begrenztem Nutzen, in: Lebendige Seelsorge, 63. Jahrgang, 4 / 2012, S. 233 – 237.

Gottes heute" (2013), „Martyria – Den Glauben bezeugen in der Welt von heute" (2014), „Im Heute glauben: Wo Gott ist, da ist Zukunft" (2015).[213] Die Gesprächsforen wären damit eine gute Chance gewesen sich darüber Gedanken zu machen, wie die katholische Kirche in Deutschland wieder Land gewinnen kann. Leider haben sich in den meisten Gesprächrunden die üblichen Probleme gezeigt: Man diskutierte weniger über Leitbild und Strategie von Kirche als über Fragen dogmatischer und kirchenrechtlicher Natur, über die nach kirchlichen Selbstverständnis nur das Bischofskollegium zu befinden hat. So wichtig der „Gesprächsprozess" als Auftakt eines umfassenden Veränderungsprozesses „an Haupt und Gliedern" gewesen sein könnte, war er doch letztlich eine ungenutzte Chance. Der Prozess ging an der wesentlichen Frage vorbei, wie die Kirche wieder ganz konkret missionarisch werden und in ihren Strukturen zu ihrem katholischen Profil zurückfinden kann.[214] Das Beispiel des „Gesprächsprozesses" belegt, wie schwierig es ist, mit verschiedenen „Interessengruppen" über Veränderungen zu diskutieren. Möglicherweise wird es leichter fallen, mit kleinen Veränderungsprozessen an der Basis – Gemeinden, die ein strategisches Konzept entwickeln und mittels BCC implementieren – zu beginnen. Vorreiterpfarreien könnten einen Prozess in

---

[213] Vgl. Internetpräsenz www.dbk.de/themen/gespraechsprozess/.
[214] Vgl. Lothar Roos, Am Wesentlichen vorbei. Zum Gesprächsprozess von Hannover, in: DER FELS, 11 / 2012, S. 316 – 321; Gerhard Kardinal Müller, „Gezielte Diskreditierung der katholischen Kirche" – Interview mit Paul Badde und Gernot Facius (2013), verfügbar unter: www.welt.de/politik/deutschland/article113313904/Gezielte-Diskreditierung-der-katholische-Kirche.html: „Dialogprozess ist gut. Aber man muss auch über das Wesentliche reden und nicht die gleichen Probleme immer wieder neu auftischen."

Gang setzen, der schließlich zu einem umfassenden Change Management in der Kirche führt.

Fazit

Die vorliegende Arbeit hat gezeigt, inwieweit ein betriebswirtschaftlicher Blick auf die Kirche nicht nur möglich ist, sondern auch zu konkreten Ergebnissen führen kann. Die Handlungsfelder, in denen die Kirche Veränderungsprozesse in Gang setzen muss, sind vielfältig. Am leichtesten werden hier noch Maßnahmen der Organisationsentwicklung und die Einführung einer BCC fallen. Will die Kirche sich aber wirklich umfassend wandeln, so ist ein fundamentales Umdenken im kirchlichen Selbstverständnis erforderlich: weg von einer defensiv-verwaltenden hin zu einer offensivmissionarischen und dienenden Kirche. Einen solchen Prozess können nicht Methoden des strategischen Managements „stemmen". Hierfür ist wirklich ein langjähriger Prozess erforderlich, bei dem vor allem die Bischöfe, Priester, Diakone, kirchlichen Mitarbeiter und alle Getauften einbezogen werden müssen. Gerade die Laien spielen hier eine entscheidende Bedeutung. Sie sind nicht nur „Kunden", sondern vor allem Mitarbeiter. Sie sind nicht nur Konsumenten, sondern vor allem missionarische „Macher". Sie sind es, die in Umfeldern (Ausbildung, Studium, Beruf) und Orten (Politik, Wirtschaft, Medien) zu tun haben, mit denen Kleriker kaum oder gar nicht in Berührung kommen. Und hier werden sie gebracht. Die Kirche bietet keine Produkte, sondern Zeugen. Und das Evangelium wird ausschließlich durch Zeugen und nicht durch „Marketing" weitergegeben. Ich persönlich glaube aber auch, dass die Erfahrungen, die haupt- und ehrenamtliche Mitarbeiter der Kirche im Umgang mit Gläubigen mitbringen, viel wertvoller sind als eine demokratische Repräsentation des „Kirchenvolkes" bei der Gestaltung von Veränderungsprozessen. Eine Neuorientierung muss pragmatisch und nicht ideologisch inspiriert sein.

Die primäre Quelle dieser „Inspiration" muss freilich der Heilige Geist sein und bleiben. Die Kirche sollte sich nicht vom „Geist der Zeit" leiten lassen, von spontanen Einfällen zur kurzfristigen Beseitigung von Krisenerscheinungen, sondern von dem Heiligen Geist, der ihr seit ihrer Gründung eingestiftet ist und der sie zum „Zeichen und Werkzeug für die innigste Vereinigung mit Gott wie für die Einheit der ganzen Menschheit"[215] macht. Halten wir uns an die Worte von Papst Benedikt XVI.:

Wahre Erneuerung der Kirche entspringt in der Tat stets aus vertiefter Einsicht in die von Gott geoffenbarte Wahrheit und aus der Bereitschaft, sich vom Heiligen ergreifen und formen zu lassen. Ein solcher geistlicher Aufbruch ist letztlich nicht allein das Ergebnis pastoraler Strategien, sondern vor allem das Werk der Gnade in der Tiefe der Herzen.[216]

---

[215] Zweites Vatikanisches Konzil, Dogmatische Konstitution „Lumen gentium" über die Kirche, Nr. 1.
[216] Papst Benedikt XVI., Botschaft zur Eröffnung der Feiern des Jubiläums der Erzdiözese Bamberg, 22. Oktober 2006.

Schlusswort

Zum Abschluss unserer Überlegungen dazu, welche Bedeutung strategisches Management für die Pastoral haben könnte, möchte ich noch einmal an ein biblisches Zeugnis anknüpfen. Besonders schön im Zusammenhang mit strategischem Management erscheint mir das oft vergessene Gleichnis vom klugen Verwalter (Lk 16, 1 – 8):

Jesus sagte zu den Jüngern: Ein reicher Mann hatte einen Verwalter. Diesen beschuldigte man bei ihm, er verschleudere sein Vermögen. Darauf ließ er ihn rufen und sagte zu ihm: Was höre ich über dich? Leg Rechenschaft ab über deine Verwaltung! Du kannst nicht länger mein Verwalter sein. Da überlegte der Verwalter: Mein Herr entzieht mir die Verwaltung. Was soll ich jetzt tun? Zu schwerer Arbeit tauge ich nicht, und zu betteln schäme ich mich. Doch – ich weiß, was ich tun muss, damit mich die Leute in ihre Häuser aufnehmen, wenn ich als Verwalter abgesetzt bin. Und er ließ die Schuldner seines Herrn, einen nach dem andern, zu sich kommen und fragte den ersten: Wie viel bist du meinem Herrn schuldig? Er antwortete: Hundert Fass Öl. Da sagte er zu ihm: Nimm deinen Schuldschein, setz dich gleich hin und schreib fünfzig. Dann fragte er einen andern: Wie viel bist du schuldig? Der antwortete: Hundert Sack Weizen. Da sagte er zu ihm: Nimm deinen Schuldschein und schreib achtzig. Und der Herr lobte die Klugheit des unehrlichen Verwalters und sagte: Die Kinder dieser Welt sind im Umgang mit ihresgleichen klüger als die Kinder des Lichtes.

Das Gleichnis nimmt ein paradoxes oder doch zumindest missverständliches Ende: Nach der Erzählung der misslichen Situation des untreuen Verwalters – er hatte das Vermögen seines Herrn wohl nicht veruntreut, wohl aber schlecht angelegt – und der Schilderung seines klugen Vorgehens – durch den Erlass von Schulden beging er keine Straftat, verschaffte sich aber doch Vorteile – folgt die „Bewertung" des unredlichen, aber klugen Verwalters. Anders als wir wenige Kapitel später im Gleichnis von den anvertrauten Talenten (Lk 19, 12 – 27) noch lesen werden, wird der Verwalter nicht für sein eigensinniges und moralisch verwerfliches Verhalten bestraft. Im Vordergrund steht das Lob der Klugheit: Der Verwalter hat zwar unehrlich und schlecht gehandelt – und dieses Verhalten ruft gerade nicht nach Nachahmung –, aber er hat zugleich auch geschickt, „gerissen" und klug auf die sich ihm stellende Situation reagiert. Diese Klugheit verdient Lob. Der unehrliche Verwalter ist ein gutes Beispiel für eine „Kernkompetenz", die sich gerade heute großer Beliebtheit erfreut: die der „Lebenskunst"[217] bzw. der „Lebenskönnerschaft"[218]. Der Verwalter hat zwar keine Ahnung davon, ein Vermögen effizient und nachhaltig zu verwalten. Aber: Er weiß sich zu helfen. Er kann sich wieder aus der Schlinge ziehen. Bevorstehende Probleme, nämlich das der Erwerbslosigkeit, lässt er nicht einfach auf sich zukommen. Er handelt rasch und unmittelbar.

Die römisch-katholische Kirche in Deutschland befindet sich in einer vergleichbaren Situation: Die Menschen wollen ihr

---

[217] Vgl. Anselm Grün, Das große Buch der Lebenskunst. Was den Alltag gut und einfach macht, 3. Aufl., Freiburg i. Br. / Basel / Wien 2012.
[218] Vgl. Gerd B. Achenbach, Lebenskönnerschaft, 2. Aufl., Kirchseeon 2009.

nicht mehr ihr Geld, ihren Beruf und ihre Kinder anvertrauen. Sie hat damit zu kämpfen, dass auch von ihr ständig Rechenschaft gefordert wird und das Vertrauen in sie verloren geht. Natürlich darf die Kirche – im Gegensatz zum unehrlichen Verwalter – in dieser Situation nicht veruntreuen, was es zu bewahren gilt: das apostolische Glaubensgut, das in der lebendigen Tradition der Kirche immer und überall weitergegeben wurde. Die Kirche kann in einer solchen Situation eben nicht ihre „Glaubensscheine" durchstreichen und statt „katholisch" „halb so schlimm" schreiben. Und dennoch muss die Kirche besonders klug handeln. Sie muss die Probleme der Zukunft wie ein kluger Verwalter frühzeitig erkennen und dafür Lösungen finden.

Geheimnisvoll mag in diesem Zusammenhang der Vers klingen: „Die Kinder dieser Welt sind im Umgang mit ihresgleichen klüger als die Kinder des Lichtes" (Lk 16, 8). Die „Kinder dieser Welt" – und damit ist wohl auch der untreue Verwalter gemeint – wissen sich besser zu helfen als die „Kinder des Lichtes", also jene, die ihr Leben unter das Evangelium stellen. Jesus ahnte offensichtlich, dass sich seine Jünger mit den Gesetzen und Spielregeln dieser Welt nicht allzu gut auskennen würden. Und eben deshalb lautet der Appell: Die „Kinder des Lichtes" dürfen nicht so werden wie die „Kinder dieser Welt". Aber: Sie müssen die Klugheit der Welt verstanden und verinnerlicht haben. Sie müssen wissen, wie die Welt „tickt", welche Sprache gesprochen wird, wie man miteinander umgeht, wie man etwas erreicht, wie man verhindert, übers Ohr gehauen zu werden, wie man sich selbst in Sicherheit bringt.

Dieser Appell gilt in gleicher Weise für die Kirche in Deutschland: „Seht, ich sende euch wie Schafe mitten unter die Wölfe; seid daher klug wie die Schlangen und arglos wie die Tauben!" (Mt 10, 16) Wenn die Kirche in dieser Welt etwas erreichen will, so muss sie wissen, mit wem sie es zu tun hat. Sie muss die Sprache der Menschen sprechen. Sie muss sich richtig darstellen. Sie muss kommunizieren können. Sie muss aufpassen, dass Menschen sie nicht in ein falsches Licht setzen. Sie muss in pikanten und schwierigen Situationen besonders klug und strategisch vorgehen. Sie darf allerdings auch kein übertriebenes Misstrauen an den Tag legen.

Im Grunde greift die Kirche auf dasselbe Instrumentarium zurück wie auch ihre Feinde und Kritiker: auf das Instrumentarium der Klugheit, der Lebenskunst, des strategischen Managements. Die „Kinder des Lichtes" nutzen es zum Guten, die „Kinder der Finsternis" zum Bösen. Am Ende wird der Kampf zugunsten der „Kinder des Lichtes" ausfallen. Letztere sollten allerdings nicht vergessen, dass sie in der Klugheit dieser Welt viel Nachholbedarf haben. Wer als „Schaf mitten unter Wölfe" geschickt wird, sollte wissen, wie er sich in dieser unliebsamen Umgebung verhält, wie er vermeidet, das Missfallen der Wölfe auf sich zu ziehen, um letztlich mit den Wölfen auf Augenhöhe ins Gespräch zu kommen. Das ist eine ziemlich große Herausforderung, aber eine realistische, die die Kirche in Angriff nehmen muss, um in dieser Welt Fuß zu fassen, um letztlich den Auftrag ihres Herrn zu erfüllen: Christus an die Enden der Erde zu tragen.

Seien wir daher klug wie die Schlangen und arglos wie die Tauben. Als Kirche haben wir einen Auftrag zu erfüllen, der größer ist als wir: Wir sind berufen, den Kindern der Welt das Licht zu bringen. Sorgen wir dafür, dass dieses Licht auch bis zu ihren Herzen durchdringen kann. Dafür ist unser Tun und unser Zeugnis erforderlich, an erster Stelle aber unser Gebet. Denn der Christ von morgen wird ein Beter sein – oder er wird nicht sein.

Literaturverzeichnis

Abromeit, Hans-Jürgen (2001): Was ist Spirituelles Gemeindemanagement? Notwendige Standards für die Ausbildung von Pfarrerinnen und Pfarrern, in: ders. (Hrsg.), Spirituelles Gemeindemanagement, Göttingen: Vandenhoeck und Ruprecht, S. 9 – 30.

Achenbach, Gerd B. (2009): Lebenskönnerschaft, 2. Aufl., Kirchseeon: Dinter Verlag.

Ackermann, Stephan (2012): Innovation in der Kirche – systematisch-theologische Perspektiven, in: Dessoy, Valentin & Lames, Gundo (Hrsg.), „Siehe, ich mache alles neu" (Off 21,5). Innovation als strategische Herausforderung in Kirche und Gesellschaft, Trier 2012, S. 105 – 119.

Adler, Tine & Kraus, Monika (2009): Die Entwicklung von Mission und Leitzielen für die kirchliche Jugendarbeit: Diözese Passau, in: Buber, Renate / Meyer, Michael (Hrsg.), Fallstudien zum NPO-Management. Praktische BWL für Vereine und Sozialeinrichtungen, 2. Aufl., Stuttgart: Schäffer-Poeschel Verlag, S. 78 – 96.

Bachert, Robert & Vahs, Dietmar (2007): Change-Management in Nonprofit-Organisationen, Stuttgart: Schäffer-Poeschel Verlag.

Barth, Tom (2010): Crisis Management in the Catholic Church. Lessons for Public Administrators, in: Public Administration Review 2010, S. 780 – 791.

Baur, Franz Joseph (2010): Der Priester – Genom im Organismus der Kirche, in: Dessoy, Valentin & Lames, Gundo (Hrsg.), „...und siehe, ich bin bei euch alle Tage bis an der Welt Ende!" (Mt 28,20) Zukunft offen halten und Wandel gestalten. Strategisches Denken und Handeln in der Kirche, Trier: Paulinus, S. 100 – 105.

Becker, Thomas (2004): Lifting für die Außenhaut. Die Imageprobleme der Kirche und die Markenunschärfe der Caritas, in: Herder Korrespondenz 58 (2004), S. 306 – 310.

Becker-Huberti, Manfred (1998): Wie Paulus auf dem Markt? Marketing – eine zukunftsfähige Pastoralstrategie?, in: Thomé, Martin (Hrsg.), Theorie Kirchenmanagement –Potentiale des Wandels – Analysen – Positionen – Ideen, Bonn: Lemmens, S. 177 – 188.

Beese, Dieter (2011): Change Management in der Kirche, in: Online Magazin Forum Kirchenmanagement, Ausgabe 1 / 2011, S. 17 – 20, verfügbar unter: www.kirchenmanagement.com/Magazin_Ausgabe1.pdf.

Begrich, Thomas (2012): Kirchliches Finanzmanagement und Entscheidungskulturen, in: Halfar, Bernd (Hrsg.), Erfolgspotenziale der Kirche – ein Blick aus dem Management, Baden-Baden: Nomos, S. 87 – 100.

Belok, Manfred & Bischofberger, Pius (2008): Einführung – Zur ökonomischen und theologischen Perspektive des Kirche-Seins heute, in: Bischofberger, Pius & Belok, Manfred (Hrsg.), Kirche als pastorales Unternehmen. Anstöße für die kirchliche Praxis, Zürich: Theologischer Verlag Zürich, S. 12 – 30.

Belok, Manfred (2008): Der Freisinger Kurs „Führen und Leiten in der Kirche", in: Bischofberger, Pius & Belok, Manfred (Hrsg.), Kirche als pastorales Unternehmen. Anstöße für die kirchliche Praxis, Zürich: Theologischer Verlag Zürich, S. 105 – 111.

Bischofberger, Pius (2014): Aufbruch und Umbruch. Plädoyer für ein nachhaltiges Kirchenmanagement. Mit einem Nachwort von Daniel Kosch, Luzern: Rex Verlag.

Bischofberger, Pius (2012): Kirchliches Management – gelegen oder ungelegen, in: Online Magazin Forum Kirchenmanagement, Ausgabe 2 / 2012, S. 25 – 26, verfügbar unter: www.kirchenmanagement.com/Magazin_Ausgabe2.pdf.

Bischofberger, Pius (2005): Kirchliches Management. Grundlagen und Grenzen, Münster: Lit Verlag.

Blanchard, Kenneth & Hybels, Bill & Hodges, Phil (2000): Das Jesus-Prinzip. Führen mit biblischer Weisheit, 3. Aufl., Asslar: Gerth Medien.

Boone, Larry W. & Dantuono, Mary Ann & Kelly, Margaret John & Massetti, Brenda & Thompson, James W. (2010): A concise guide to Catholic Church Management, Notre Dame (Indiana): Ave Maria Press.

Bromkamp, Peter (2010): Dienstleister, Netzwerker und Brückenbauer. Zur Fortentwicklung von Ämtern und Diensten in der Kirche, in: Dessoy, Valentin & Lames, Gundo (Hrsg.), „…und siehe, ich bin bei euch alle Tage bis an der Welt Ende!" (Mt 28,20) Zukunft offen halten und Wandel gestalten. Strategisches Denken und Handeln in der Kirche, Trier: Paulinus, S. 116 – 123.

Brown, Mary (2009): Entrepreneurial leadership and cultural change in a faith-based organization, in: The international journal of entrepreneurship and innovation, Vol. 10, 2/ 2009, 125 – 135.

Brück, Ulrich von (Hrsg.) (1967): Dienende Kirche, Berlin: Evangelische Verlagsanstalt.

Bucher, Rainer (2008): Neue Machttechniken in der alten Gnadenanstalt? Organisationsentwicklung in der Kirche, in: Dessoy, Valentin & Lames, Gundo (Hrsg.), „Denn sicher gibt es eine Zukunft" (Spr 23,18). Strategische Perspektiven kirchlicher Organisationsentwicklung, Trier: Paulinus, S. 274 – 291.

Buckenmaier, Achim (2011): Ist das noch unsere Kirche? Die Zukunft der christlichen Gemeinde, Regensburg: Friedrich Pustet.

Bumiller, Meinrad (1998): Der Wind des Wandels. Managements des Wandels auch für die Kirchen?, in: Thomé, Martin (Hrsg.), Theorie Kirchenmanagement. Potentiale des Wandels, Bonn: Lemmens, S. 189 – 197.

Cieslak, Michael (2011): „With a Heart Renewed". Einblicke in einen diözesanen Pastoralplanungsprozess, in: Lebendige Seelsorge, 62. Jahrgang, 3 / 2011, S. 198 – 208.

Congar, Yves M. J. (1965): Für eine dienende und arme Kirche, Mainz: Matthias-Grünewald-Verlag.

Dähler, Bruno & Fink, Urban (1999): New Church Management. Finanz-management und Kundenmarketing in der katholischen Kirche in der Schweiz, Bern / Stuttgart / Wien: P. Haupt.

Dessoy, Valentin (2012): Wie Kirche zu einer lernenden Organisation werden kann. Erfahrungen aus der Praxis kirchlicher Organisationsent-wicklung (OE), in: Lebendige Seelsorge, 63. Jahrgang, 4 / 2012, S. 243 – 247.

Dessoy, Valentin (2010a): Die Reform reformieren. Wie Kirche lernen kann, strategisch zu denken und prozesshaft zu handeln, in: Diakonia 2010, S. 65 – 68, verfügbar unter: www.kairos-cct.de/publikation/images/ DESSOY%20(2010),%20Die%20Reform%20reformieren.pdf.

Dessoy, Valentin (2010b): Kirche in Zukunft führen und leiten, in: Dessoy, Valentin & Lames, Gundo (Hrsg.), „…und siehe, ich bin bei euch alle Tage bis an der Welt Ende!" (Mt 28,20) Zukunft offen halten und Wandel ges-talten. Strategisches Denken und Handeln in der Kirche, Trier: Paulinus, S. 202 – 225.

Dessoy, Valentin (2008a): Organisationsentwicklung. Kernprozess in einer zukunftsfähigen Kirche, in: Dessoy, Valentin & Lames, Gundo (Hrsg.), „Denn sicher gibt es eine Zukunft" (Spr 23,18). Strategische Perspektiven kirchlicher Organisationsentwicklung, Trier: Paulinus, S. 32 – 60.

Dessoy, Valentin (2008b): Vom Amt zum Dienstleister. Ansätze zur Mo-dernisierung kirchlicher Behörden, in: Dessoy, Valentin & Lames, Gundo (Hrsg.), „Denn sicher gibt es eine Zukunft" (Spr 23,18). Strategische Perspektiven kirchlicher Organisationsentwicklung, Trier: Paulinus, S. 155 – 193.

Dessoy, Valentin (2008c): Partner auf Augenhöhe und Träger der Bot-schaft. Das „neue" Ehrenamt in einer missionarischen Kirche, in: Dessoy, Valentin & Lames, Gundo (Hrsg.), „Denn sicher gibt es eine Zukunft" (Spr 23,18). Strategische Perspektiven kirchlicher Organisationsentwick-lung, Trier: Paulinus, S. 215 – 228.

Dessoy, Valentin (2007): Reorganisation und pastorale Erneuerung. Die Neugestaltung der territorialen Seelsorge im Bistum Magdeburg, in: Organisationsentwicklung. Zeitschrift für Unternehmensentwicklung und Change Management, Bd. 26, 1 / 2007, 61 – 72.

Dessoy, Valentin & Lames, Gundo (Hrsg.): „Siehe, ich mache alles neu" (Off 21,5) – Innovation als strategische Herausforderung in Kirche und Gesellschaft, Trier: Paulinus, 2012.

Dessoy, Valentin & Lames, Gundo (2010a): Die Zukunft offen halten. Zur Konzeption eines strategisch fundierten Reformparadigmas in der Kirche, in: Dessoy, Valentin & Lames, Gundo (Hrsg.), „...und siehe, ich bin bei euch alle Tage bis an der Welt Ende!" (Mt 28,20) Zukunft offen halten und Wandel gestalten. Strategisches Denken und Handeln in der Kirche, Trier: Paulinus, S. 21 – 40.

Dessoy, Valentin & Lames, Gundo (2010b): Akteure, Rollen und Zusammenarbeit in strategischen Prozessen – Einführung, in: Dessoy, Valentin & Lames, Gundo (Hrsg.), „...und siehe, ich bin bei euch alle Tage bis an der Welt Ende!" (Mt 28,20) Zukunft offen halten und Wandel gestalten. Strategisches Denken und Handeln in der Kirche, Trier: Paulinus, S. 41 – 43.

Dessoy, Valentin & Lames, Gundo (2010c): Kernprozesse und Schlüsselthemen strategischer Entwicklung – Einführung, in: Dessoy, Valentin & Lames, Gundo (Hrsg.), „...und siehe, ich bin bei euch alle Tage bis an der Welt Ende!" (Mt 28,20) Zukunft offen halten und Wandel gestalten. Strategisches Denken und Handeln in der Kirche, Trier: Paulinus, S. 136 – 137.

Dessoy, Valentin & Lames, Gundo (2010d): Zukunft als Handlungsfeld und Gestaltungsraum von Kirche (wieder-)entdecken. Zur Einführung und Orientierung, in: Dessoy, Valentin & Lames, Gundo (Hrsg.), „...und siehe, ich bin bei euch alle Tage bis an der Welt Ende!" (Mt 28,20) Zukunft offen halten und Wandel gestalten. Strategisches Denken und Handeln in der Kirche, Trier: Paulinus, S. 10 – 19.

Dessoy, Valentin & Lames, Gundo (2010e): Zum Schluss: Zukunft ist Jetzt, in: Dessoy, Valentin & Lames, Gundo (Hrsg.), „...und siehe, ich bin bei euch alle Tage bis an der Welt Ende!" (Mt 28,20) Zukunft offen halten und Wandel gestalten. Strategisches Denken und Handeln in der Kirche, Trier: Paulinus, S. 248 – 251.

Dessoy, Valentin & Lames, Gundo (2008): Perspektiven kirchlicher Organisationsentwicklung – Thesen aus der Sicht der Herausgeber, in: Dessoy, Valentin & Lames, Gundo (Hrsg.), „Denn sicher gibt es eine Zukunft" (Spr 23,18). Strategische Perspektiven kirchlicher Organisationsentwicklung, Trier: Paulinus, S. 448 – 454.

Dienberg, Thomas & Warode, Markus (2012): Spiritualität und Management. Veränderte Anforderungen an Führungskräfte in Kirche, in: Lebendige Seelsorge, 63. Jahrgang, 4 / 2012, S. 280 – 285.

Dietlein, Georg (2014): Römisch-katholische Kirche in Deutschland. Wo stehen wir – wo geht es hin?, in: Reinhard Dörner (Hrsg.), „Du Kleingläubiger! Warum hast Du gezweifelt?" (Mt 14, 31) – Glaubenszuversicht des Christen heute, Verlag Kardinal-von-Galen-Kreis 2014, S. 155 – 164.

Dietlein, Georg (2012): Katholisch ohne Kirchensteuer? Bleibende Unklarheiten nach dem Allgemeinen Dekret der Deutschen Bischofskonferenz vom 15. März 2011, in: Archiv für katholisches Kirchenrecht, 181. Jahrgang (2012), S. 467 – 486.

Donaubauer, Klaus (2012): Finanzmanagement in der Kirche – Aspekte kirchlicher Finanzentscheidungen, in: Halfar, Bernd (Hrsg.), Erfolgspotenziale der Kirche – ein Blick aus dem Management, Baden-Baden: Nomos, S. 103 – 116.

Doppler, Klaus & Lauterburg, Christoph (2008): Change Management. Den Unternehmenswandel gestalten, Frankfurt a. M. / New York: Campus.

Ebertz, Michael (2008): Resonanz und Distanz – Jugendliche und ihr Verhältnis zu Politik, Bildung, Freizeit und Religion. Einige Ergebnisse der neuen Sinus-Jugendstudie, verfügbar unter: www.milieuskirche.de/dokumente/U27-BDKJ-Milieus-Kurzfassung-Ebertz.pdf.

Ebertz, Michael (2001): Kirche im Gegenwind. Zum Umbruch der religiösen Landschaft, 4. Aufl., Freiburg i. Br. / Basel / Wien: Herder.

Ebertz, Michael (1998): Kirche auf dem Markt. Eine Struktur des religiösen Feldes, in: Thomé, Martin (Hrsg.), Theorie Kirchenmanagement – Potentiale des Wandels – Analysen – Positionen – Ideen, Bonn: Lemmens, S. 68 – 84.

Eckardstein, Dudo von & Zauner, Alfred (2007): Instrumente für das Veränderungsmanagement in NPOs, in: Badelt, Christoph & Meyer, Michael & Simsa, Ruth (Hrsg.), Handbuch der Nonprofit Organisation. Strukturen und Management, Stuttgart: Schäffer-Poeschel Verlag, 4. Aufl., S. 478 – 499.

Eckardstein, Dudo von (2003): Strategieklausur, in: Eschenbach, Rolf & Horak, Christian (Hrsg.), Führung der Nonprofit Organisation, Stuttgart: Schäffer-Poeschel Verlag, 2. Aufl., S. 404 – 407.

EKD / Evangelische Kirche in Deutschland (2006): Impulspapier „Kirche der Freiheit. Perspektiven für die evangelische Kirche im 21. Jahrhundert", verfügbar unter: http://www.ekd.de/download/kirche-der-freiheit.pdf.

Erzbistum Köln (2012): Finanzbericht 2012, Köln: Stabsstelle Presse- und Öffentlichkeitsarbeit des Erzbischöflichen Generalvikariats Köln, verfügbar unter: www.kirchensteuer-koeln.de.

Faiß, Peter (2012): Geschäftsprozessmanagement in kirchlichen Verwaltungen, in: Halfar, Bernd (Hrsg.), Erfolgspotenziale der Kirche – ein Blick aus dem Management, Baden-Baden: Nomos, S. 153 – 164.

Famos, Cla Reto (2005): Kirche zwischen Auftrag und Bedürfnis. Ein Beitrag zur ökonomischen Reflexionsperspektive in der Praktischen Theologie, Münster: LIT Verlag.

Fassbender, Pantaleon (1998): Kirche(n) zwischen Wirtschaft und Non-Profit-Organisationen. Eine schwierige Standortbestimmung, in: Thomé, Martin (Hrsg.), Theorie Kirchenmanagement –Potentiale des Wandels – Analysen – Positionen – Ideen, Bonn: Lemmens, S. 156 – 166.

Feldhoff, Norbert (2011): Kirchenpolitische Dimensionen von Outsourcing in kirchlichen Einrichtungen, in: Bergold, Ralph & Nitsche, Hans (Hrsg.), Dienst in der Kirche. Kommentare, Vorträge, Aufsätze von Dompropst Dr. Norbert Feldhoff, Bad Honnef: Katholisch-Soziales Institut der Erzdiözese Köln, S. 67 – 72.

Fleck, Michael & Dyma, Oliver (2002): Bischöfe als mittleres Management des Weltkonzerns Kirche. Pastorale Konsequenzen für das Bischofsamt im Spannungsfeld zwischen Orts- und Weltkirche, in: Hilberath, Bernd Jochen & Nitsche, Bernhard (Hrsg.), Ist Kirche planbar? Organisationsentwicklung und Theologie in Interaktion, Mainz: Grünewald, S. 165 – 176.

Fischer, Johannes (2006): Marketing in der Kirche? Entwurf einer Typik kirchlichen Handelns, in: Famos, Cla Reto & Kunz, Ralph (Hrsg.), Kirche und Marketing. Beiträge zu einer Verhältnisbestimmung, Zürich: Theologischer Verlag Zürich, S. 47 – 70.

Fisichella, Rino (2012): Was ist Neuevangelisierung?, Augsburg: Sankt Ulrich Verlag.

Fresacher, Bernhard (2009): Religion nach Geschmack? Die Sinus-Milieu-Studien für die katholische Kirche in Deutschland, verfügbar unter: www.fresacher.net/uploads/media/Religion_nach_Geschmack_Fresache r.pdf.

Ganoczy, Alexandre (1968): Ecclesia ministrans. Dienende Kirche und kirchlicher Dienst bei Calvin, Freiburg i. Br. / Basel / Wien: Herder.

Götz, Richard (2007): Prozessmanagement für seelsorgliche Aufgaben. Am Beispiel der katholischen Kirche in Deutschland, Münster: LIT Verlag.

Goltsche, Thomas (2010): Die Entwicklung von Supervision und Coaching im pastoralen Feld. Über die Notwendigkeit von Dreieckskontrakten in institutionell geförderten Supervisionsprozessen, in: Dessoy, Valentin & Lames, Gundo (Hrsg.), „…und siehe, ich bin bei euch alle Tage bis an der Welt Ende!" (Mt 28,20) Zukunft offen halten und Wandel gestalten. Strategisches Denken und Handeln in der Kirche, Trier: Paulinus, S. 74 – 79.

Gräb-Schmidt, E. (1999): Die Kirche ist kein Unternehmen! Die Rede vom „Unternehmen" Kirche in ekklesiologischer Sicht, in: Fetzer, Joachim & Grabenstein, Andreas & Müller, Eckart (Hrsg.), Kirche in der Marktgesellschaft, Gütersloh: Gütersloher Verlagshaus, S. 65 – 80.

Groß, Hermann-Josef & Russel, Yvonne (2008): Personalentwicklung und Veränderungsmanagement in der Kirche. Theoretische Überlegungen und Praxisbeispiele aus dem Bistum Trier, in: Dessoy, Valentin & Lames, Gundo (Hrsg.), „Denn sicher gibt es eine Zukunft" (Spr 23,18). Strategische Perspektiven kirchlicher Organisationsentwicklung, Trier: Paulinus, S. 88 – 101.

Grün, Anselm (2012): Das große Buch der Lebenskunst. Was den Alltag gut und einfach macht, 3. Aufl., Freiburg i. Br. / Basel / Wien: Herder.

Haddad, Tarek (2003): SWOT-Analyse, in: Eschenbach, Rolf & Horak, Christian (Hrsg.), Führung der Nonprofit Organisation, Stuttgart: Schäffer-Poeschel Verlag, 2. Aufl., S. 28 – 34.

Halfar, Bernd & Borger, Andrea (2007): Kirchenmanagement. Unter Mitarbeit von Annette Schuck, Baden-Baden: Nomos.

Halfar, Bernd & Unger, Verena (2012): Controlling in der Kirche, in: Halfar, Bernd (Hrsg.), Erfolgspotenziale der Kirche – ein Blick aus dem Management, Baden-Baden: Nomos, S. 135 – 152.

Hartmann, Ralph (2012): Der Kirchenkompass, in: Halfar, Bernd (Hrsg.), Erfolgspotenziale der Kirche – ein Blick aus dem Management, Baden-Baden: Nomos, S. 181 – 191.

Hauschildt, Eberhard & Kohler, Eike & Schulz, Claudia (2012): Wider den Unsinn um Umgang mit der Milieuperspektive, in: Wege zum Menschen, 64. Jahrgang, 1 / 2012, S. 65 82.

Hauser, Albert & Obermair, Wolfgang (2006): Change Management in der Münchener Caritas, in: Nonprofit-Management. Beispiele für Best-Practices im Dritten Sektor, 2. Aufl., Wiesbaden: Gabler, S. 197 – 213.

Hearit, Keith Michael (2006): Crisis Management b Apology. Corporate Responses to Allegations of Wrongdoing, Mahwah: Lawrence Erlbaum.

Heimerl, Peter (2003): Organisationsentwicklung, in: Eschenbach, Rolf & Horak, Christian (Hrsg.), Führung der Nonprofit Organisation, Stuttgart: Schäffer-Poeschel Verlag, 2. Aufl., S. 410 – 417.

Heimerl, Peter & Meyer, Michael (2007): Organisation und NPOs, in: Badelt, Christoph & Meyer, Michael & Simsa, Ruth (Hrsg.), Handbuch der Nonprofit Organisation. Strukturen und Management, Stuttgart: Schäffer-Poeschel Verlag, 4. Aufl., S. 231 – 257.

Heller, Andreas (2003): Leiten in der Kirche, in: ders. / Krobath, Thomas (Hrsg.), OrganisationsEthik. Organisationsentwicklung in Kirchen, Caritas und Diakonie, Freiburg i. Br.: Lambertus Verlag, S. 143 – 155.

Heller, Andreas & Schmidt, Thomas (2010): Tugenden und Todsünden kirchlicher Strategie-Entwicklung. Strategie-Kritik aus theologischer Perspektive, in: Dessoy, Valentin & Lames, Gundo (Hrsg.), „…und siehe, ich bin bei euch alle Tage bis an der Welt Ende!" (Mt 28,20) Zukunft offen halten und Wandel gestalten. Strategisches Denken und Handeln in der Kirche, Trier: Paulinus, S. 124 – 135.

Hembrock, Matthias (2012): Ein Pfarrbüro wird zum Servicecenter, in: Lebendige Seelsorge, 63. Jahrgang, 4 / 2012, S. 248 – 253.

Hemel, Ulrich (2011): Soll die Kirche ihre eigenen Spielregeln überwachen? Compliance als Thema der kirchlichen Zivilgesellschaft, IfS Arbeitspapier, verfügbar unter: http://www.institut-fuer-sozialstrate-gie.de/sites/default/files/upload/dokumente/re_ifs_arbeitspapier_compli ance_kirchliche_zivilgesellschaft_hemel.pdf.

Hennersperger, Anna (2012): Führen und Leiten in der Kirche, in: Lebendige Seelsorge, 63. Jahrgang, 4 / 2012, S. 265 – 270.

Herbst, Michael (2006): Spirituelles Gemeindemanagement, in: Kretschmar, Gerald / Pohl-Patalong, Uta / Müller, Christoph (Hrsg.), Kirche. Macht. Kultur, Gütersloh: Gütersloher Verlagshaus, S. 195 – 210.

Herbst, Michael (2003): Spiritualität, Gemeindeaufbau und Marketing. Worum geht es im Spirituellen Gemeindemanagement?, in: ders. / Eyselein, Christian / Kerner, Hanns / Schmidt, Günter R. (Hrsg.), Spirituelle Aufbrüche. Perspektiven evangelischer Glaubenspraxis. FS für Manfred Seitz, Göttingen: Vandenhoeck und Ruprecht, S. 178 – 198.

Herbst, Michael (2001a): Kirche wie eine Behörde verwalten oder wie ein Unternehmen führen, in: Abromeit, Hans-Jürgen u.a. (Hrsg.), Spirituelles Gemeindemanagement, Göttingen: Vandenhoeck und Ruprecht, S. 82 – 110.

Herbst, Michael (2001b): Spirituelles Gemeindemanagement, in: Abromeit, Hans-Jürgen u. a. (Hrsg.), Leiten in der Kirche. Rechtliche, theologische und organisationswissenschaftliche Aspekte, Frankfurt am Main: Peter Lang, S. 71 – 83.

Herbst, Michael & Böhlemann, Peter (2011): Geistlich leiten. Ein Handbuch, Göttingen: Vandenhoeck und Ruprecht.

Heße, Stefan (2010): Strategische Bedeutung und Ausgestaltung der Personalarbeit. Funktion, Rolle und Aufgabe der Akteure in Personalplanung, -einsatz und –entwicklung am Beispiel des Erzbistums Köln, in: Dessoy, Valentin & Lames, Gundo (Hrsg.), „…und siehe, ich bin bei euch alle Tage bis an der Welt Ende!" (Mt 28,20) Zukunft offen halten und Wandel gestalten. Strategisches Denken und Handeln in der Kirche, Trier: Paulinus, S. 62 – 67.

Heße, Stefan (2001): Berufung aus Liebe zur Liebe. Auf der Spurensuche nach einer Theologie der Berufung, unter besonderer Berücksichtigung des Beitrags von Hans Urs von Balthasar, St. Ottilien: EOS-Verlag.

Hilberath, Bernd Jochen (2002): Corporate Identity für das Unternehmen Kirche, in: ders. & Nitsche, Bernhard (Hrsg.), Ist Kirche planbar? Organisationsentwicklung und Theologie in Interaktion, Mainz: Grünewald, S. 87 – 104.

Hill, Hermann (2010): Anforderungen an die Architektur einer modernen kirchlichen Verwaltung, in: Verwaltung & Management, Bd. 16, 3 / 2010, 115 – 120; ebenso in: Dessoy, Valentin & Lames, Gundo (Hrsg.), „…und siehe, ich bin bei euch alle Tage bis an der Welt Ende!" (Mt 28,20) Zukunft offen halten und Wandel gestalten. Strategisches Denken und Handeln in der Kirche, Trier: Paulinus, S. 183 – 191.

Hillebrecht, Steffen W. (1995): Grundlagen des Kirchlichen Marketing, in: Marketing 4 / 1995, S. 221 – 231.

Hof, Otto (Hrsg.) (1963): Dienende Kirche. Festschrift für Landesbischof D. Julius Bender zu seinem 70. Geburtstag am 30. August 1963. Grussworte und Aufsätze, Karlsruhe: Hans Thoma Verlag.

Hohmann, Patrick (2008): Herausforderungen an ein zeitgerechtes Unternehmertum, in: Bischofberger, Pius & Belok, Manfred (Hrsg.), Kirche als pastorales Unternehmen. Anstöße für die kirchliche Praxis, Zürich: Theologischer Verlag Zürich, 33 – 38.

Horak, Christian (2003): Leitbild, Vision, in: Eschenbach, Rolf & Horak, Christian (Hrsg.), Führung der Nonprofit Organisation, Stuttgart: Schäffer-Poeschel Verlag, 2. Aufl., S. 15 – 21.

Horak, Christian & Heimerl, Peter (2007): Management von NPOs – Eine Einführung, in: Badelt, Christoph & Meyer, Michael & Simsa, Ruth (Hrsg.), Handbuch der Nonprofit Organisation. Strukturen und Management, Stuttgart: Schäffer-Poeschel Verlag, 4. Aufl., S. 167 – 177.

Horak, Christian & Matul, Christian & Scheuch, Fritz (2007): Ziele und Strategien von NPOs, in: Badelt, Christoph & Meyer, Michael & Simsa, Ruth (Hrsg.), Handbuch der Nonprofit Organisation. Strukturen und Management, Stuttgart: Schäffer-Poeschel Verlag, 4. Aufl., S. 178 – 201.

Hunstig, Hans-Georg (2010): Partner auf Augenhöhe und Träger der Botschaft. Grundlagen und Anregungen zur Strategie der Laien und der synodalen Gremien, in: Dessoy, Valentin & Lames, Gundo (Hrsg.), „...und siehe, ich bin bei euch alle Tage bis an der Welt Ende!" (Mt 28,20) Zukunft offen halten und Wandel gestalten. Strategisches Denken und Handeln in der Kirche, Trier: Paulinus, S. 93 – 99.

Hybels, Bill (2009): Die Kunst des Führens. Meine Führungsprinzipien auf den Punkt gebracht, Asslar: Gerth Medien.

Hybels, Bill (2002): Mutig führen, 3. Aufl., Asslar: Gerth Medien.

Jansen, Jürgen & Berg, Fabian (2011): Projektportfolio-Management in der kirchlichen Organisation, in: Hirzel, Matthias (Hrsg.), Projektportfolio-Management. Strategisches und operatives Multi-Projektmanagement in der Praxis, 3. Aufl., Wiesbaden: Gabler, S. 281 – 293.

Jarmai, Heinz (1997): Die Rolle externer Berater im Change Management, in: Reiß, Michael / Rosenstiel, Lutz von / Lanz, Anette (Hrsg.), Change Management Programme. Projekte und Prozesse, Stuttgart: Schäffer-Poeschel Verlag, S. 171 – 185.

Jousten, Aloys (2010): Die hauptamtlichen Mitarbeiter in den zukünftigen und bereits jetzt anlaufenden Entwicklungs- und Veränderungsprozessen, in: Dessoy, Valentin & Lames, Gundo (Hrsg.), „...und siehe, ich bin bei euch alle Tage bis an der Welt Ende!" (Mt 28,20) Zukunft offen halten und Wandel gestalten. Strategisches Denken und Handeln in der Kirche, Trier: Paulinus, S. 85 – 91.

Kapfer, Ludwig (1997): Ein Managementmodell für die Pfarre, in: ders. & Putzer, Hans & Schnider, Andreas, Die Jesusmanager. Kirche & Marketing, Innsbruck: Tyrolia-Verlag, S. 89 – 164.

Kaplan, Robert S. & Norton, David P. (1997): Balanced Scorecard – Strategien erfolgreich umsetzen, Stuttgart: Schäffer-Poeschel.

Klauk, Bruno (2004): Organisationsentwicklung in der katholischen Kirche, in: Kaune, Axel & Bastian, Harald (Hrsg.), Change Management mit Organisationsentwicklung. Veränderungen erfolgreich durchsetzen, Berlin: Erich Schmidt Verlag, S. 274 – 294.

Klauk, Bruno & Richter, Julia (2009): Die katholische Kirche. Entwicklungen aus wirtschaftswissenschaftlicher Sicht, in: Klauk, Bruno (Hrsg.), Psychologie zwischen Glauben und Wissen(schaft), Lengerich: Pabst Science Publishers, S. 48 – 66.

Klostermann, Siegfried (1997): Management im kirchlichen Dienst. Über Sinn und Sorge kirchengemäßer Führungspraxis und Trägerschaft, Paderborn: Bonifatius.

Koch, Heiner (1998): Public Relations für Gott? Kann, soll, muß Kirche werben?, in: Thomé, Martin (Hrsg.), Theorie Kirchenmanagement – Potentiale des Wandels – Analysen – Positionen – Ideen, Bonn: Lemmens, S. 26 – 35.

Koch, Ulrich (2010): Der Beitrag des Unterstützungssystems Personalentwicklung für Entwicklungs- und Veränderungsprozesse am Beispiel der Diözese Hildesheim. Mit besonderem Akzent auf Fort- und Weiterbildung und das Zusammenspiel der Unterstützungssysteme, in: Dessoy, Valentin & Lames, Gundo (Hrsg.), „,…und siehe, ich bin bei euch alle Tage bis an der Welt Ende!" (Mt 28,20) Zukunft offen halten und Wandel gestalten. Strategisches Denken und Handeln in der Kirche, Trier: Paulinus, S. 68 – 73.

Kohl, Jiri Georg & Lauer, Christian & Weisner, Christian M. (2012): Eine 2000-jährige Weltorganisation verändern. Kritischer Blick auf die Wandlungsfähigkeit der katholischen Kirche, in: OrganisationsEntwicklung – Zeitschrift für Unternehmensentwicklung und Change Management 3 /2012, S. 17 – 24.

Kosch, Daniel (2011): Kirchenmanagement, ein irritierender Begriff, in: Die Politik 3 / 2011, S. 24.

Kosch, Daniel (2008): Kirchenmanagement – Reflexion kostet nichts, in: forum – Pfarrblatt der katholischen Kirche im Kanton Zürich, Nr. 15 / 2008; auch verfügbar unter: http://www.rkz.ch/upload/ 20090911122752.pdf.

Kosch, Daniel (2007): Demokratisch – solidarisch – unternehmerisch. Organisation, Finanzierung und Management in der katholischen Kirche in der Schweiz, Zürich: Schulthess.

Kramer, Jost W. (2004): Der Einsatz strategischer Planung in der Kirche, Hochschule Wismar, Wismarer Diskussionspapiere 3 / 2004, verfügbar unter: http://opus.zbw-kiel.de/volltexte/2004/2077/pdf/

0403_Kramer.pdf oder http://www.wi.hs-wismar.de/fbw/aktuelles/wdp/
0403_Kramer.pdf.

Kunz, Ralph (2006): Grenzen der Vermarktung – Marketing zwischen Ökonomisierung und Gemeindeaufbau, in: Famos, Cla Reto & Kunz, Ralph (Hrsg.), Kirche und Marketing. Beiträge zu einer Verhältnisbestimmung, Zürich: Theologischer Verlag Zürich, S. 29 – 46.

Lätzel, Martin (2010): Priorisierung, Profilierung und Qualifizierung pastoralen Handelns – Sechs Thesen, in: Dessoy, Valentin & Lames, Gundo (Hrsg.), „…und siehe, ich bin bei euch alle Tage bis an der Welt Ende!" (Mt 28,20) Zukunft offen halten und Wandel gestalten. Strategisches Denken und Handeln in der Kirche, Trier: Paulinus, S. 166 – 175.

Lätzel, Martin (2008): Markt- und Kundenorientierung, Produkt- und Qualitätsentwicklung. Kernthemen kirchlicher Organisationsentwicklung, in: Dessoy, Valentin & Lames, Gundo (Hrsg.), „Denn sicher gibt es eine Zukunft" (Spr 23,18). Strategische Perspektiven kirchlicher Organisationsentwicklung, Trier: Paulinus, S. 116 – 131.

Lames, Gundo (2012): Kirche ist Organisation – und anderes, in: Lebendige Seelsorge, 63. Jahrgang, 4 / 2012, S. 226 – 232.

Lames, Gundo (2010): Kommunikation und Steuerung – Kernprozesse einer entwicklungsfähigen Kirche, in: Dessoy, Valentin & Lames, Gundo (Hrsg.), „…und siehe, ich bin bei euch alle Tage bis an der Welt Ende!" (Mt 28,20) Zukunft offen halten und Wandel gestalten. Strategisches Denken und Handeln in der Kirche, Trier: Paulinus, S. 193 – 201.

Lames, Gundo (2008): Strategische Steuerung (in) der Kirche – Problem oder Lösungsorientierung?, in: Dessoy, Valentin & Lames, Gundo (Hrsg.), „Denn sicher gibt es eine Zukunft" (Spr 23,18). Strategische Perspektiven kirchlicher Organisationsentwicklung, Trier: Paulinus, S. 194 – 214.

Leimkühler, Claudia (2003): Unternehmensrechnung und ihre Überwachung in kirchlichen Verwaltungen. Eine Analyse aus Sicht der Katholischen Kirche in Deutschland, Frankfurt a. M.: Peter Lang.

Lewin, Kurt (1951): Field theory in social sciences, New York: Harper & Brothers.

Lichtsteiner, Hans (2012): Wenn Werte den Fortschritt hemmen. Wie Not-for-Profit-Organisationen Tradition mit Innovation verknüpfen können, in: OrganisationsEntwicklung 3 / 2012, S. 33 – 38.

Loretan, Adrian (2008): Ökologie und Theologie im Dialog, in: Bischofberger, Pius & Belok, Manfred (Hrsg.), Kirche als pastorales Unternehmen. Anstöße für die kirchliche Praxis, Zürich: Theologischer Verlag Zürich, S. 9 – 11.

Marx, Reinhard (2012): Frauenförderung in der Kirche forcieren, verfügbar unter: www.muenchner-kirchenradio.de/nachrichten/nachrichten/article/marx-frauenfoerderung-in-der-kirche-soll-forciert-werden.html.

Marx, Reinhard (2011): „Wir sind in einer Zeit des Umbruchs", verfügbar unter: http://www.dradio.de/dlf/sendungen/interview_dlf/1499964/.

Mayrhofer, Wolfgang & Scheuch, Fritz (2007): Zwischen Nützlichkeit und Gewinn. Nonprofit Organisationen aus betriebswirtschaftlicher Sicht, in: Badelt, Christoph / Meyer, Michael / Simsa, Ruth (Hrsg.), Handbuch der Nonprofit Organisation. Strukturen und Management, Stuttgart: Schäffer-Poeschel Verlag, 4. Aufl., 81 – 97.

Mayerhofer, Helene (2001): Der Stellenwert Ehrenamtlicher als Personal in Nonprofit Organisationen, in: ZfP 3 / 2001, S. 263 – 283.

Meffert, Heribert (2012): Kirche im Zeitalter der Marken, in: Sellmann, Matthias / Rehmann, Dieter / Jochim, Michael / Bürger, Daniel / Steffen, Martin (Hrsg.), Kirche im Kampf um öffentliche Aufmerksamkeit (Sinnstiftermag 01-05), Münster: LIT Verlag, S. 70 – 76.

Meisner, Joachim Kardinal (2009): Die Sorge um Priesterberufungen. Fastenhirtenbrief 2009, Köln: Pressestelle des Erzbistums Köln; verfügbar unter: www.erzbistum-koeln.de/export/sites/erzbistum/dokumente/erzbischof/hirtenworte/jcm_hw_09fastenhirtenbrief.pdf

Meisner, Joachim Kardinal (2005): „Wer mit Jesus Christus in Kontakt kommt, wird christoaktiv", verfügbar unter: kath.net/detail.php?id=11264.

Menke, Karl-Heinz (2008): Jesus ist Gott der Sohn. Denkformen und Brennpunkte der Christologie, Regensburg: Pustet.

Mertes, Martin (2002): Leistungsorientierung mit der Balanced Score-card als Baustein eines kirchlichen Controlling, in: Scherer, Andreas Ge-org / Alt, Jens Michael (Hrsg.), Balanced Scorecard in Verwaltung und Non-Profit-Organisationen, Stuttgart: Schäffer-Poeschel, S. 282 – 315.

Mertes, Martin (2000): Controlling in der Kirche. Aufgaben, Instrumente und Organisation dargestellt am Beispiel des Bistums Münster, 2. Aufl., Gütersloh: Gütersloher Verlagshaus.

Meyns, Christoph (2012): Von begrenztem Nutzen, in: Lebendige Seel-sorge, 63. Jahrgang, 4 / 2012, S. 233 – 237.

Miller, Kent D. (2002): Competitive Strategies of Religious Organiza-tions, in: Strategic Management Journal, Vol. 23 (2002), 435 – 456.

Misik, Robert (2004): Das McKinsey-Syndrom. Von Pfarrern, die ihre Predigt „eine Dienstleistung" nennen und sich als Anbieter „auf dem Markt für Sinn-Angebote" sehen: Die Unternehmensberater haben scheinbar gesiegt. Doch die Abwehr gegen eine nur ökonomische Ver-nunft wächst, das Feindbild der globalisierten Eliten ist groß im Kom-men, in: die tageszeitung, 23.03.2004, S. 15.

Mitschke-Collande, Thomas von (2012a): Schafft sich die katholische Kirche ab? Analysen und Lösungen eines Unternehmensberaters. Mit einem Vorwort von Kardinal Karl Lehmann, München: Kösel-Verlag.

Mitschke-Collande, Thomas von (2012b): Die Kirche muss katholischer werden, nicht römischer, in: Lebendige Seelsorge, 63. Jahrgang, 4 / 2012, S. 254 – 260.

Mödinger, Wilfried (2001): Kirchenmarketing. Strategisches Marketing für kirchliche Angebote, Stuttgart: Lucius & Lucius.

Morgen, Christoph (2010): PastoralreferntInnen als StrategInnen einer aktiven Theologie der lokalen Anwendung. Der Beitrag der PastoralreferentInnen zu strategischen Entwicklungs- und Veränderungsprozessen in der Kirche, in: Dessoy, Valentin & Lames, Gundo (Hrsg.), „...und siehe, ich bin bei euch alle Tage bis an der Welt Ende!" (Mt 28,20) Zukunft offen halten und Wandel gestalten. Strategisches Denken und Handeln in der Kirche, Trier: Paulinus, S. 106 – 115.

Müller, Philipp & Schneider, Gerhard (2013): Ein Beruf in der Kirche? Fragen der Berufungspastoral, Ostfildern: Matthias Grünewald Verlag.

Müller, Gerhard Ludwig (2013): „Gezielte Diskreditierung der katholischen Kirche" – Interview mit Paul Badde und Gernot Facius, verfügbar unter: www.welt.de/politik/deutschland/article113313904/Gezielte-Diskreditierung-der-katholische-Kirche.html.

Nissing, Hanns-Gregor / Süß, Andreas (Hrsg.) [2013]: Nightfever – Theologische Grundlegungen, München. 2013.

Nober, Stefan (2010): Zugänge zu den Menschen in (post-)moderner Gesellschaft, in: Dessoy, Valentin & Lames, Gundo (Hrsg.), „...und siehe, ich bin bei euch alle Tage bis an der Welt Ende!" (Mt 28,20) Zukunft offen halten und Wandel gestalten. Strategisches Denken und Handeln in der Kirche, Trier: Paulinus, S. 154 – 165.

Pax, Wolfgang (2007): Führung in der Kirche – Eine Führungskonzeption für die Katholische Kirche, München: Don Bosco Verlag.

Pfrang, Claudia (2012): Herausforderungen und Notwendigkeiten für Kirchenmanagement. Forum Kirchenmanagement – ökumenisch, akademisch, praxisnah, in: Lebendige Seelsorge, 63. Jahrgang, Heft 4 / 2012, S. 271 – 274.

Posern, Thomas (2009): Veränderungsmanagement in der Kirche als Leitungsaufgabe, in: Zeitschrift für Organisationsentwicklung und Gemeindeberatung, 3 / 2009, S. 13 – 38.

Raffée, Hans (1995): Kirchenmarketing – Irrweg oder Gebot der Vernunft?, in: Bauer, Hans H. & Diller, Hermann (Hrsg.), Wege des Marketing. Festschrift zum 60. Geburtstag von Erwin Dichtl (Schriften zum Marketing 36), Berlin: Duncker & Humblot.

Rellstab, Andreas (2015): Seelenheil und Betriebswirtschaft. Kirchenmanagement im Seelsorgeraum, Saarbrücken: Südwestdeutscher Verlag für Hochschulschriften.

Rieger, Martin (2012): Gemeindebarometer – ein Werkstattbericht, in: Halfar, Bernd (Hrsg.), Erfolgspotenziale der Kirche – ein Blick aus dem Management, Baden-Baden: Nomos, S. 59 – 74.

Roos, Lothar (2012a): Der Eine für Viele. Die Pastoral Jesu und die Neuevangelisierung heute, in: Dörner, Reinhard (Hrsg.), „Fürchte dich nicht, du kleine Herde" (Lk 12,32). Katholische Kirche in Deutschland zwischen Traditions- und Entscheidungskirche, Stadtlohn: Verlag Kardinal-von-Galen-Kreis e.V., S. 10 – 34.

Roos, Lothar (2012b): Am Wesentlichen vorbei. Zum Gesprächsprozess von Hannover, in: DER FELS, 11 / 2012, S. 316 – 321.

Roos, Lothar (2012c): Zum kirchlichen Profil der Caritas, in: Die Neue Ordnung 4 / 2012, S. 275 – 283, auch verfügbar unter: http://web.tuomi-media.de/dno2/Dateien/NO412-5.pdf.

Schick, Ludwig (2012): Kirche ist mehr als ein Dienstleister, verfügbar unter: www.domradio.de/nachrichten/2012-06-10/nachrichtenarchiv-10062012-1254.

Schick, Ludwig (1982): Das dreifache Amt Christi und der Kirche. Zur Entstehung und Entwicklung der Trilogien, Frankfurt a.M. / Bern: Gang Verlag.

Schmälzle, Udo (2010): Kirche und Geld: ein theologiefreier Raum? Fragmente zur Überwindung einer Monetarisierung kirchlicher Praxis, in: Dessoy, Valentin & Lames, Gundo (Hrsg.), „…und siehe, ich bin bei euch alle Tage bis an der Welt Ende!" (Mt 28,20) Zukunft offen halten und Wandel gestalten. Strategisches Denken und Handeln in der Kirche, Trier: Paulinus, S. 226 – 247.

Schmitz-Peiffer (1998): Scenario 2000 oder: Quo vadis Kirche? Möglichkeiten und Grenzen von Organisationsberatungen in kirchlichen Institutionen, in: Thomé, Martin (Hrsg.), Theorie Kirchenmanagement – Potentiale des Wandels – Analysen – Positionen – Ideen, Bonn: Lemmens, S. 224 – 229.

Schneck, Ottmar (1997): Betriebswirtschaftslehre. Eine praxisorientierte Einführung mit Fallbeispielen, Frankfurt a. M.: Campus-Verlag.

Schneidereit-Mauth, Heike (2012): Change Management in der Kirche? „Ja, bitte!" oder doch lieber „Nein, danke!", in: Wege zum Menschen, Jahrgang 64, 4 / 2012, S. 395 – 404.

Schoch, Max (1969): Ministerium. Das dienende Amt in der dienenden Kirche, Tübingen: Mohr.

Schönborn, Christoph Kardinal von (2013): „Ein Umfeld schaffen, in dem geistliche Berufungen wachsen können", in: miteinander – Zeitschrift des Canisiuswerks, 85. Jahrgang, Nr. 1 / 2, 2013, S. 2 – 3.

Schrappe, Christine (2012): Personalentwicklung im Bereich Seelsorgepersonal. Ein Schlüsselinstrument zur Gestaltung einer zukunftsfähigen Kirche, Würzburg: Echter.

Schröer, Andreas (2004): Change Management pädagogischer Institutionen. Wandlungsprozesse in Einrichtungen der Evangelischen Erwachsenenbildung, Opladen: Leske + Budrich.

Schuster, Norbert (2008): Welche Balanced Scorecard braucht die Kirche? Steuerung als pastoral-spirituelle Herausforderung, in: ders., Management und Theologie. Führen und Leiten als spirituelle und theologische Kompetenz. Hrsg. v. Thomas Schmidt, Freiburg im Breisgau 2008, S. 241 – 260.

Schwaderlapp, Dominik (2012): „Es geht um die Freundschaft mit Gott." – Georg Dietlein im Interview mit Weihbischof Schwaderlapp, verfügbar unter:
http://www.f1rstlife.de/news/details/artikel/es_geht_um_die_freundschaft_mit_ gott_interview_mit_weihbischof_schwaderlapp/.

Sellmann, Matthias (2011): Katholische Kirche in den USA. Was wir von ihr lernen können, Freiburg i. Br. / Basel / Wien: Herder.

Simpson, Peter (2012): Complexity and change management. Analyzing church leaders' narratives, in: Journal of organizational change management 2 / 2012, S. 283 – 296.

Simsa, Ruth & Warhanek, Christoph & Mayerhofer, Helene (1998): Instrumente für das Konfliktmanagement in NPOs, in: Eschenbach, Rolf (Hrsg.), Führungsinstrumente für die Nonprofit Organisation. Bewährte Verfahren im praktischen Einsatz, Stuttgart: Schäffer-Poeschel, S. 315 – 347.

Spielberg, Bernhard (2010a): Pastoraltheologie als Problemlösungsdisziplin. Der Beitrag von Forschung und Lehre zur Gestaltung strategischer Entwicklungs- und Veränderungsprozesse, in: Dessoy, Valentin & Lames, Gundo (Hrsg.), „…und siehe, ich bin bei euch alle Tage bis an der Welt Ende!" (Mt 28,20) Zukunft offen halten und Wandel gestalten. Strategisches Denken und Handeln in der Kirche, Trier: Paulinus, S. 57 – 61.

Spielberg, Bernhard (2010b): Pfarrgemeinde reloaded? Optionen einer zukunftsfähigen Sozialgestalt, in: Dessoy, Valentin & Lames, Gundo (Hrsg.), „…und siehe, ich bin bei euch alle Tage bis an der Welt Ende!" (Mt 28,20) Zukunft offen halten und Wandel gestalten. Strategisches Denken und Handeln in der Kirche, Trier: Paulinus, S. 176 – 181.

Stauss, Bernd (2012): Kundenbeziehungen als Aufgabe des Kirchenmanagements? Zehn Thesen und immer die gleiche Frage: Interessiert sich die Kirche nicht für die Beziehungen zu ihren Mitgliedern?, in: Halfar, Bernd (Hrsg.), Erfolgspotenziale der Kirche – ein Blick aus dem Management, Baden-Baden: Nomos, S. 195 – 227.

Sternal, Raimund (2010): Diaspora als Zukunftsmodell. Die Erfahrungen in den ostdeutschen Diözesen als Ressource, in: Dessoy, Valentin & Lames, Gundo (Hrsg.), „…und siehe, ich bin bei euch alle Tage bis an der Welt Ende!" (Mt 28,20) Zukunft offen halten und Wandel gestalten. Strategisches Denken und Handeln in der Kirche, Trier: Paulinus, S. 138 – 153.

Stock, Wolfgang (2012): Kirche fehlt in der quoten-bringenden TV-Unterhaltung, in: Sellmann, Matthias / Rehmann, Dieter / Jochim, Michael / Bürger, Daniel / Steffen, Martin (Hrsg.), Kirche im Kampf um öffentliche Aufmerksamkeit (Sinnstiftermag 01-05), Münster: LIT Verlag, S. 48 – 51.

Stöber, Anna (2005): Kirche – gut beraten? Betrachtung einer Kirchengemeinde aus betriebswirtschaftlicher und funktionalistisch-systemtheoretischer Perspektive, Heidelberg: Carl-Auer-Verlag.

Straus, Kirsten (2010): Antreiber, Entscheider, Kontrolleur strategischer Steuerung und Entwicklung? Funktion, Rolle und Aufgaben der Akteure in der Finanzverwaltung, in: Dessoy, Valentin & Lames, Gundo (Hrsg.), „...und siehe, ich bin bei euch alle Tage bis an der Welt Ende!" (Mt 28,20) Zukunft offen halten und Wandel gestalten. Strategisches Denken und Handeln in der Kirche, Trier: Paulinus, S. 80 – 83.

Strehl, Clemens (2010): Steuerung und Controlling in der Kirche. Chancen und Grenzen betriebswirtschaftlicher Steuerung kirchlicher Organisationen, Frankfurt am Main: AIM-Verlagshaus.

Strunk, Klaus-Martin (2001): Marketing-Orientierung in der Gemeindearbeit, in: Abromeit, Hans-Jürgen (Hrsg.), Spirituelles Gemeindemanagement, Göttingen: Vandenhoeck und Ruprecht, S. 42 – 81.

Suermann, Thomas (2012): Die Weisen aus dem Wirtschaftsland? Analyse der Zusammenarbeit von katholischen Diözesen und externen betriebswirtschaftlichen Strategieberatungen, Münster: Verlagshaus Monsenstein und Vannerdat.

Swiatek, Jörg (1996): Werden, wozu du berufen bist. Wege der Beruf(ung)spastoral, Freiburg i. Br. / Basel / Wien: Herder.

Tebartz-van Elst, Franz-Peter (2001): Gemeinden werden sich verändern. Mobilität als pastorale Herausforderung, Würzburg: Echter.

Tiebel, Christoph (2006): Management in Non-Profit-Organisationen. Wie Wohlfahrtsverbände, Sportorganisationen und Kulturbetriebe fit für die Zukunft werden, München: Vahlen.

Unfried, Andreas & Dere, Daniel (2012): Der mitteleuropäische Sonder-weg – Hauptamtliche Laien und arbeitsteilige Seelsorge, in: Unfried, Andreas & Degen, Susanne & Dere, Daniel & Olbrich, Clemens & Wolf, Mathias, XXL-Pfarrei. Monster oder Werk des Heiligen Geistes?, Würz-burg: Echter, S. 51 – 60.

Vahs, Dietmar (2005): Organisation – Einführung in die Organisationstheorie und –praxis, 5. Aufl., Stuttgart: Schäffer-Poeschel Verlag.
Vahs, Dietmar & Weiand, Achim (2010): Workbook Change Manage-ment. Methoden und Techniken, Stuttgart: Schäffer-Poeschel Verlag.

Vellguth, Klaus (2007): Kirche und Fundraising. Neue Wege einer zu-kunftsfähigen Kirchenfinanzierung, Freiburg i. Br. / Basel / Wien: Herder.

Völkl, Richard (1969): Dienende Kirche – Kirche der Liebe, Freiburg i. Br.: Seelsorge-Verlag.

Wanke, Joachim (2006): Was uns die Sinus-Milieu-Studie über die Kirche und ihre Pastoral sagen kann – und was nicht, in: Lebendige Seelsorge, 57. Jahrgang, 4 / 2006, S. 242 – 246, verfügbar: www.milieus-kirche.de/Lebendige-Seelsorge/LS4-06-Praxis-Milieus-Kirche.pdf.

Warren, Rick (2010): Kirche mit Vision. Gemeinde, die den Auftrag Gottes lebt, Asslar: Gerth Medien.

Watzek, Andreas (2010): Gemeindeberatung / kirchliche Organisations-entwicklung als internes Beratungssystem. Aktuelle und zukünftige Herausforderungen, in: Dessoy, Valentin & Lames, Gundo (Hrsg.), „...und siehe, ich bin bei euch alle Tage bis an der Welt Ende!" (Mt 28,20) Zu-kunft offen halten und Wandel gestalten. Strategisches Denken und Handeln in der Kirche, Trier: Paulinus, S. 44 – 51.

Webb, Marion Stanton (2012): Church marketing. Building and sustain-ing membership, in: Services marketing quarterly 1 / 2012, S. 68 – 84.

Werbick, Jürgen (2011): Dienende Kirche in einer Dienstleistungsgesell-schaft, in: Lebendiges Zeugnis, 66. Jahrgang, 2011, S. 245 – 253.

Woelki, Rainer Maria Kardinal (2013): Wo Glauben Raum gewinnt! Zum Verständnis der Entwicklung der Pastoralen Räume im Erzbistum Berlin, verfügbar unter: www.erzbistumberlin.de/uploads/media/20130116WoGlaubenRaumGewinntAuftaktpapier.pdf.

Wolf, Mathias (2012): Wie kann's weitergehen? – Ein Ausblick, in: Unfried, Andreas & Degen, Susanne & Dere, Daniel & Olbrich, Clemens & Wolf, Mathias, XXL-Pfarrei. Monster oder Werk des Heiligen Geistes?, Würzburg: Echter, S. 77 – 87.

Wollbold, Andreas (2013): Grundzüge oder dreifaches Amt? Auf der Suche nach einer praktikablen Einteilung der Pastoral, in: Sellmann, Matthias (Hrsg.), Gemeinde ohne Zukunft? Theologische Debatte und praktische Modelle, Freiburg i. Br. / Basel / Wien: Herder, S. 55 – 64.

Wrasmann, Martin (2010): Strategische Steuerung und Entwicklung aus pastoraler Perspektive. Funktion, Rolle und Aufgabe der Akteure in pastoraler Planung und praktischer Theologie, in: Dessoy, Valentin & Lames, Gundo (Hrsg.), „...und siehe, ich bin bei euch alle Tage bis an der Welt Ende!" (Mt 28,20) Zukunft offen halten und Wandel gestalten. Strategisches Denken und Handeln in der Kirche, Trier: Paulinus, S. 52 – 56.

Zimmermann, Tobias (2013): Missbrauchsskandal am Canisius-Kolleg – „Wir stehen noch ganz am Anfang", verfügbar unter: www.tagesspiegel.de/berlin/missbrauchsskandal-am-canisius-kolleg-wir-stehen-noch-ganz-am-anfang/7655960.html.

Zinkl, Gabriele (2011): Zwischen Heilssakrament und Management – Die Ämterstruktur der katholischen Kirche aus der Perspektive des Kirchenrechts und der Organisationslehre, Regensburg: Universität, Diss. theol.

Zünd, André (2006): Visitation und Controlling in der Kirche. Führungshilfen des kirchlichen Managements, Münster: LIT Verlag.

Zulehner, Paul M. (2012): Kirchenvisionen – Orientierung in Zeiten des Kirchenumbaus, Ostfildern: Patmos.

Anhang: Eckdaten zur kirchlichen Statistik

Jahr	Anzahl Kirchenmitglieder	Rückgang (Vergleich zum Vor-jahr)	Anzahl Priester	Rückgang (Vergleich zum Vor-jahr)
2005	25.905.908	...	16.190	...
2006	25.684.890	0,85 %	15.935	1,58 %
2007	25.461.118	0,871 %	15.759	1,1 %
2008	25.176.517	1,112 %	15.527	1,47 %
2009	24.909.332	1,061 %	15.367	1,03 %
2010	24.651.001	1,037 %	15.136	1,5 %
2011	24.472.817	0,723 %	14.847	1,91 %
2012	24.340.028	0,543 %	14.636	1,42 %
2013	24.170.754	0,695 %	14.490	0,99 %

Quelle: Deutsche Bischofskonferenz